Ulrich Lilie

# Unerhört!

Ulrich Lilie

# Unerhört!

Vom Verlieren und Finden
des Zusammenhalts

HERDER

FREIBURG · BASEL · WIEN

MIX
Papier aus verantwortungsvollen Quellen
FSC® C083411


www.herder.de

Satz: Carsten Klein
Herstellung: CPI books GmbH, Leck

Printed in Germany

ISBN Print 978-3-451-38175-1
ISBN E-Book 978-3-451-81438-9

*Für alle bürgerschaftlich Engagierten,*
*die tagtäglich ihr Bestes geben.*
*Ohne sie wäre unsere Gesellschaft*
*für sehr viel weniger Menschen eine Heimat.*

# Inhalt

# Vorwort

*»Betrachtet genau das Verhalten dieser Leute: Findet es befremdend, wenn auch nicht fremd. Unerklärlich, wenn auch nicht gewöhnlich. Unverständlich, wenn auch die Regel. (…) Untersucht, ob es nötig ist. Besonders das Übliche! Wir bitten euch ausdrücklich, findet das immerfort Vorkommende nicht natürlich! Denn nichts werde natürlich genannt (…) Damit nichts unveränderlich gelte.«*[1]

Bertolt Brecht

*»Ihr sollt wissen: Ein jeder Mensch sei schnell zum Hören, langsam zum Reden, langsam zum Zorn.«*

Jakobusbrief 1,19

Wir leben in Zeiten von populistischen Krachmachern und medialen Krawallmachern. Gleichzeitig steigt die Zahl derer, die das Gefühl haben, mit ihren Anliegen und Geschichten kein Gehör zu finden. Deswegen geht es in diesem Buch um das Hören, genauer gesagt um das Zuhören. Denn die Kunst des Zuhörens droht in der »unerhörten Gesellschaft« auf den Hund zu kommen.

In Zeiten, in denen die Menschen sich gegenseitig mit einer nie gekannten Dichte und Anzahl von digitalen Nachrichten »zutexten«, schrei(b)en viele ihre Meinung im Modus der Empörung geradezu heraus. Zu viele zeigen dabei kein wirkliches Interesse an ihrem Gegenüber. Wie es den anderen geht, den Empfängerinnen und Empfängern ihrer Kurznachrichten und Reden, was ihr Leben belastet oder worin ihre Überzeugungen bestehen, ist dabei ohne echte Bedeutung. Gespräch findet nicht statt, Aufgebrachtheit ist der Umgangston der Wahl: »Unerhört! Diese Politiker! Diese Alten! Diese Flüchtlinge! Diese Obdachlosen! Diese besorgten Bürgerinnen und Bürger!«

Die grassierende Empörungslust kennt kein politisches Lager. Sie existiert in rechten, liberalen oder linken Spielarten. Für die Demokratie hat das mindesten zwei negative Nebenwirkungen: Der Dauerton der Empörung behindert einerseits jeden konstruktiv-kritischen Dialog. Andererseits bewirkt der aufgeregte Ton der medialen, politischen, aber auch im Privaten geführten Debatten, dass zu häufig zwar noch *über*, aber nicht mehr *mit* den »lebendigen Gründen« der Empörung gesprochen wird. Den Menschen nämlich, um die es geht – seien es Obdachlose, Flüchtlinge oder »besorgte Bürger« – die in den lärmenden Debatten nicht gehört werden. Die Kunst des Zuhörens droht in Vergessenheit zu geraten. Die Kraft des vernünftigen Arguments, die Anstrengung des kontroversen Dialogs gilt in der »vertalkten« Republik als vorgestrig. Dabei liegt auf der Hand, dass diese Kunst in einer Bundesrepublik Deutschland der vielfältigen Lebensentwürfe und Kulturen durch nichts zu ersetzen ist.

Darum ist dieses Buch ein Plädoyer für das Zuhören. Das ist mir am wichtigsten. Damit das gelingt, ist das Buch auch ein Versuch, die grassierende Empörungslust besser zu verstehen. Nicht zuletzt weil diese Empörung sehr viel Energie bindet, die wir in unserem Land – konstruktiv gewendet – sehr gut gebrauchen könnten. Und wenn wir nicht verstehen, weshalb so viele Menschen empört sind und sich unerhört fühlen, werden wir das Gesprächsklima und damit das Zusammenleben in unserem Land nicht verbessern können.

Dieses Buch ist ein Versuch, den Zustand unserer Gesellschaft zu verstehen, will aber nicht bei der Theorie stehen bleiben, sondern anhand von konkreten Beispielen zeigen, warum und wie sich gerade schwierige Gemeinwesen positiv verändern können, wenn Menschen ihre Dialog- und Kooperationsfähigkeit wiederentdecken. Das Leben einer Gesellschaft gewinnt an Qualität, wenn Zuhören die Basis bildet: in den großen politischen Debatten genauso wie in der konkreten Nachbarschaft, im »bunter« werdenden Dorf oder in den Stadtteilen, in denen die kulturelle Vielfalt auch an den Nerven zerrt.

Zu meiner Perspektive: Ich schreibe als westdeutsch sozialisierter evangelischer Pfarrer, der in seinem bunten Berufsleben in unterschiedlichen Kontexten gearbeitet hat: in Klinik, Hospiz, Gemeindepfarramt, als Superintendent, als Theologischer Vorstand einer großen diakonischen Einrichtung und derzeit als Präsident eines der größten Wohlfahrtsverbände in Deutschland, der Diakonie. Egal wo ich gearbeitet habe, mir war immer wichtig, mich nicht in einer kirchlichen Sonderwelt einzuigeln. Ich bin neugierig auf andere Lebensentwürfe und Denkansätze. Es gibt immer etwas zu lernen.

Die Diakonie: Man kann nicht voraussetzen, dass alle wissen, was sich dahinter verbirgt. Etwas salopp gesagt:

Diakonie, das sind die mit der Nächstenliebe, und zwar die evangelische Variante. Seriöser formuliert: Diakonie ist die soziale Arbeit der evangelischen Kirchen. Ich bin seit 2014 Präsident der Diakonie Deutschland. Das ist ein Spitzenverband, der auf Bundesebene als Werk der Kirche und großer Unternehmensverband nach außen vor allem sozialpolitische Lobbyarbeit macht. Seinen Sitz hat er in Berlin. Mein Einfluss in diesem Amt beschränkt sich weitgehend aufs Reden. Ich kann Vorschläge machen, Impulse geben, Diskussionen anstoßen, mich an Debatten beteiligen. Was ich für eines der größten Privilegien meiner Aufgabe halte, ist, dass ich mit sehr unterschiedlichen Menschen reden darf – das Spektrum umfasst die Pflegefachschülerin und die Bundeskanzlerin, den Demografiespezialisten ebenso wie den unbegleiteten minderjährigen Flüchtling.

Ich halte viel von der Kraft des Arguments und möchte dazu beitragen, dass die Positionen der Diakonie in der vielfältigen Gesellschaft in Deutschland und Europa gehört und diskutiert werden. Auch in der sich pluralisierenden Gesellschaft Bundesrepublik Deutschland ist zivilisierte Religion eine konstruktive Kraft, dafür trete ich öffentlich ein. Aber anders als manche sich vorstellen, sitzen wir im Vorstandskollegium nicht in einer Art evangelischem Sozial-Imperium am Hebel der Macht.

Trotzdem ist die Diakonie ein wichtiger zivilgesellschaftlicher Faktor in unserem Land. Dafür sprechen schon die Zahlen: mehr als 525.000 Hauptamtliche, 700.000 Ehrenamtliche und rund 10 Millionen Menschen, denen diakonische Krankenhäuser, Pflegeheime, Beratungsstellen und

Sozialstationen, Jugend-, Alten- und Behindertenhilfe, Werkstätten und Kindergärten Unterstützung anbieten. Diakonie ist allerdings kein hierarchisch operierender Konzern, sondern eher ein föderal-diskursiver Kosmos mit einer im Selbstbestimmungsrecht der Kirchen begründeten besonderen Stellung im deutschen Rechtssystem. Sie hat jedenfalls eine komplexe, übrigens auch für Beteiligte mitunter schwer zu greifende Struktur, die sich deutschlandweit in selbstständige Landes- und Fachverbände verzweigt, zu denen (wieder selbstständige) Mitglieder gehören. Das können große Gesundheits-Unternehmen oder Bildungsträger sein, aber auch kleinste Beratungsstellen oder Kindergärten, auch diakonische Lebensgemeinschaften gehören dazu. 80 Prozent unserer diakonischen Mitgliedsunternehmen beschäftigen weniger als einhundert Mitarbeiter.

»Wir« funktionieren als diakonisches Netzwerk mit zahlreichen Knoten. Und wir »funktionieren« nicht immer und überall gleichermaßen gut. Gemeinsam ist allen Beteiligten in diesem Netzwerk der Diakonie: Wir arbeiten gemeinnützig. Gemeinnützig heißt, die Gewinne, die erwirtschaftet werden, müssen in die soziale oder gesundheitspflegerische Arbeit reinvestiert werden – wo das nicht geschieht, liegt ein schwerer Regelverstoß vor. Und wir wurzeln in christlichem Grund evangelischer Prägung; dazu gehört der Glaube an einen menschenfreundlichen Gott, der will, dass allen Menschen geholfen werde. Das orientiert das Handeln in der Diakonie. Deswegen stehen unsere Angebote vorbehaltlos allen Menschen offen. Das »Wir« wiederum, der Gemeinsinn, das ist eine entscheidende Basis, die zu erodieren droht, die aber auch oft falsch verstanden oder gar missbraucht wird. Auch darüber schreibe ich hier.

Diakonische Denkansätze und Kompetenzen sind nützlich für unsere vielfältigen Gemeinwesen. Noch mehr, wo es gelingt, im Interesse der Menschen mit Partnern aus Politik, Kultur, Wirtschaft etc. zusammenzuarbeiten. Mir ist wichtig, dass die Diakonie gemeinsam mit anderen nachhaltig zur Verbesserung der Lebensqualität im Land beiträgt und so »Teil der Lösung« der gesellschaftlichen Herausforderungen wird. Ich nenne das »Diakonie mit anderen«. Denn Diakonie leistet schon jetzt einen wichtigen Beitrag dazu, den Zusammenhalt und das Gefühl der Zusammengehörigkeit in einer offenen, vielfältigen und ungleichen Gesellschaft der kontroversen Ansichten und Lebensstile zu verbessern. Davon profitieren alle.

Ich habe beim Verfassen dieses Buches in vielfacher Weise von wertvollen Hinweisen, der redaktionellen Unterstützung und der Zuarbeit meiner Mitarbeiterin Evamaria Bohle profitiert. Dafür danke ich ihr sehr!

Berlin, Juli 2018
Ulrich Lilie

# Die unerhörte Gesellschaft

# »Rentner first!«

*Sehr geehrter Herr Lilie,*

*wir finden, dass Flüchtlinge dort bleiben sollten, wo sie herkommen. Warum wir dieser Meinung sind? Wir sind Rentner und erhalten nach 46 Jahren Arbeitszeit im Schnitt 1.250 Euro Rente. Netto. Unsere Mieten liegen aber zwischen 900 und 1.000 Euro. Deswegen müssen wir uns alle etwas dazu verdienen, sonst hätten uns unsere Vermieter längst gekündigt.*

*Ich bin seit über einem Jahr auf der Suche nach einer Sozialwohnung. Und immer, wenn ich dachte: »Jetzt klappt es!« setzt das Wohnungsamt mir irgendwelche Flüchtlinge vor die Nase. Es ist eine Ungerechtigkeit, dass Flüchtlinge gegenüber deutschen Rentnern bevorzugt werden. Deshalb wird unser Hass auf Flüchtlinge immer größer. Und die Diakonie und andere wollen trotzdem mehr Flüchtlinge in Deutschland aufnehmen. Das geht nicht! Bevor weitere Flüchtlinge kommen, müssen erst ein paar Millionen Sozialwohnungen gebaut werden, damit auch deutsche Rentner, die nicht mehr wissen, wie sie ihre Miete bezahlen sollten, zu günstigen Wohnungen kommen. Erst stehen uns Sozialwohnungen zu und nicht den Flüchtlingen. Rentner first!!!*[2]

# »Die hören mir nicht zu.« – Die bunte Gesellschaft der Unerhörten

## Verlassen in Deutschland

»Unerhört! Diese Flüchtlinge.« Und: »Unerhört! Diese Obdachlosen.« Viele tausend Großplakate, zunächst in Berlin, und dann auch in anderen deutschen Städten, an Flughäfen und Bahnhöfen. Weiße Schrift auf violettem Grund. Darunter: #zuhören. Das ist im Januar 2018 der Startschuss der auf drei Jahre angelegten Diakonie-Kampagne, mit der wir aufstören und für das Zuhören werben wollen. Das Beispiel der eingangs paraphrasierten Mail zeigt, dass das offenbar gelingt. Solche E-Mails erreichen mich täglich, anonym oder mit vollem Namen unterzeichnet. Ich stelle sie diesem Kapitel voran, weil sie für mich den Kern dessen trifft, was mich im Blick auf unser Land beschäftigt: der gefährdete soziale Zusammenhalt, das schwindende Gefühl von Zugehörigkeit, das oft von einem Gefühl der Verlassenheit begleitet wird. Und die Frage, wie ein sozial gerechteres Miteinander der unterschiedlichen Gruppen, Menschen und Milieus in unserem Land gestaltet werden kann, das den Unterschieden und den Unterschiedlichen gerecht wird.

Als 2015 die »Flüchtlingskrise« ihren vorläufigen Höhepunkt erreicht, arbeitet auch die Diakonie für eine Willkommenskultur. Seitdem ist sie zusammen mit Kommunen, Arbeitsagenturen und anderen Kooperationspartnern im Marathonlauf der Integration engagiert. Wir setzen uns – trotz öffentlichem und politischem Gegenwind – immer noch für den Familiennachzug von engen Familienangehörigen für subsidiär Schutzbedürftige ein. Wir unterstützen die Zuflucht Suchenden bei ihrer Ankunft in unserem Land: in Migrationsberatungsstellen, durch Sprach- und Integrationskurse oder durch andere Beratungsangebote. Wir errichten zusätzliche Kitaplätze und schaffen neuen Wohnraum, nicht nur für Geflüchtete. Dafür wurden und werden wir gewürdigt und gleichzeitig kritisiert. Wie in der Mail eingangs, aber auch in ganz anderer Tonlage: »Flüchtlingsgewinnler« oder »Asylindustrie« schimpfen uns manche. Helfer oder Mitarbeiterinnen der Diakonie werden handgreiflich angegangen, und das, obwohl wir niemals aufgehört haben, uns genauso engagiert auch für all die anderen »Menschen in Notlagen« in Deutschland einzusetzen. Seien es chronisch Kranke in Bochum, alte Menschen mit Pflegebedarf auf dem Land in Mecklenburg-Vorpommern oder junge Erwachsene ohne Schulabschluss in Bremen – mit oder ohne Migrationshintergrund.

Mir geht es hier aber gar nicht darum, irgendein Loblied auf die Diakonie zu singen. Mir geht es um etwas Grundsätzliches: All diese Menschen, die Neuankömmlinge, Kranken, Arbeitslosen oder andere, gehören zu unserer Gesellschaft und wir alle gemeinsam tragen Verantwortung, unser Zusammenleben so zu organisieren, dass alle teilhaben können. Ich jedenfalls will in einer friedlichen, gerechten, freiheitlichen und vielfältigen Gesellschaft leben; und ich will, dass das nicht nur für unsere vier Kinder und deren Kinder eine selbstverständliche und von der breiten Mehrheit der Bevölkerung getragene Leitvorstellung in unserem Land bleibt.

Das Fäuste-Recken, die kalte Wut in den Gesichtern mancher Merkel-Kritiker, der blanke Hass in den Äußerungen vieler Menschen, die nicht einverstanden sind mit dem Kurs der Regierung und unseres Landes, hat viele in den Medien, in der Politik, den Gewerkschaften und auch in der Freien Wohlfahrt oder den Kirchen verstört. Auch mich. Die aggressiven fremdenfeindlichen Debatten, Wahlerfolge wie der Donald Trumps mit seiner polternden »America First«-Politik oder die Zustimmungsraten für die AfD mit ihrem teilweise rechtspopulistischen Personal, aber auch Recep Erdogans despotische Machtentfaltung in der Türkei zeigen, dass öffentliches Eintreten und tägliches Arbeiten für eine offene und sozial gerechte Gesellschaft der Unterschiedlichen wichtiger sind denn je. Das Ausmaß von Fremdenfeindlichkeit und Antisemitismus, die Verrohung in den sozialen Medien, die groben populistischen Vereinfachungen komplizierter Problemlagen, die nationale Verengung des Denkens sind bestürzend. Nichts von dem hilft die komplexen Herausforderungen der Gegenwart zu bearbeiten, genauso wenig wie der Straßenkampf und die Plünderungen beim G20-Gipfel in Hamburg 2017. Doch: Wie umgehen mit der Gewalt und den Gewalttätern, dem Populismus und den Populisten?[3] Wie umgehen mit den vielen wütenden, enttäuschten Menschen, die mit ihrer Wut genauso zum bunten Deutschland gehören wie fastende Muslime, grillende Hipster, grölende Fußballfans, bibelfeste Evangelikale, feministische Krankenschwestern oder konventionelle Schweinezüchter – um wahllos nur einige zu nennen? Diese Fragen treiben mich um. Ich möchte besser verstehen, woher die Wut und die Ängste dieser Menschen kommen, die Empörung und die Resignation, die ich nicht teile. Warum finden die oft kruden und krausen, rückwärtsgewandten politischen Ideen und Konzepte so viele Freundinnen und Freunde in allen Schichten unserer Gesellschaft? Haben sie Gründe, womöglich gute Gründe für ihre Empörung? Was sehe ich nicht, was sie sehen? Was empfinden sie, was ich nicht empfinde? Ich möchte diese Emotionen ernst nehmen und besser verstehen. Mit dem Soziologen Heinz Bude[4] bin ich überzeugt, dass sich »die Wahrnehmung dieser Menschen, ihr Leben sei insgesamt unsicherer geworden (…), nicht mit Wahrscheinlichkeitstheorien wegrationalisieren«[5] lässt.

Mich beschäftigt – wie viele andere – auch die zunehmende Schräglage in manchen Debatten zwischen »rechts« und »links«. Auch hier kommt die Mail vom Anfang ins Spiel: Wenn von »Unerhörten«, von den Vergessenen, den Abgehängten geredet wird, wie es in den politischen Debatten, im Streiten um die Werte, die unser Gemeinwesen leiten sollen, zu Recht geschieht, gehören auch wohnungssuchende deutsche Rentner mit Hass auf Flüchtlinge dazu. Ich teile ihre politische Meinung und ihren Hass nicht, aber auch ich finde es schwer erträglich, dass sie unter den Folgen der Vernachlässigung des sozialen Wohnungsbaus zu leiden haben.[6] Jeder Mensch hat ein Recht auf bezahlbaren Wohnraum, selbstverständlich ohne Gesinnungs- oder Herkunftsprüfung.

Es gibt in diesem Land offensichtliche Probleme mit Gerechtigkeit, mit gerechter Teilhabe und dem Gefühl, gehört zu werden. Es gibt Probleme mit bezahlbarem Wohnraum, mit ungerechten Zugangschancen zu Bildung und ungleichwertigen Lebensbedingungen, mit abgehängten Stadtteilen und ganzen Regionen, um die sich niemand mehr wirklich kümmert. Und es gibt massive Probleme mit der Art der sich verändernden öffentlichen medialen und politischen Auseinandersetzung, auch wenn es dabei um berechtigte Anliegen wie Zugehörigkeit, Gerechtigkeit und Teilhabe geht.

Wir brauchen keine populistischen Symboldebatten und auch kein Heimatministerium, wir brauchen vielmehr einen neuen gesellschaftlichen Aufbruch, der auch diesen Rentnern, die 47 Jahre gearbeitet haben, ein Gefühl der Zugehörigkeit vermittelt und eine Perspektive. In einem sich grundlegend ändernden Land in einem kriselnden Europa in einer sich grundlegend verändernden Welt mit einer dramatischen Ungleichheit und einer ökologischen Jahrhundertherausforderung brauchen wir dringend ein neues politisches und gesellschaftliches Klima, das auch diese Rentner mitgestalten können und wollen. Und wir brauchen endlich eine Politik, die ihrer Lebenssituation tatsächlich Rechnung trägt. Wir brauchen Volksparteien, Wohlfahrtsverbände und Kirchen, die in die chancenreichen, aber derzeit vernachlässigten Stadtviertel, Dörfer und Landstriche zurückkehren: an die Orte, in denen nicht nur die öffentlichen Briefkästen, sondern oft die gesamte soziale Infrastruktur verschwunden ist.

Ein solcher gemeinsamer Aufbruch von Zivilgesellschaft und Politik beginnt, und damit sind wir bei der Idee der Unerhört-Kampagne der Diakonie, zuallererst mit qualifiziertem Zuhören, mit Verstehen-Wollen, mit echtem Interesse an der Lebenslage der anderen. Es gibt viel zu viele Unerhörte in unserer Gesellschaft: Menschen, die zunehmend ein Gefühl von Verlassenheit beschleicht, das Gefühl, dass ihnen und ihren Ängsten niemand Aufmerksamkeit schenkt. Menschen, die zu Recht den Eindruck gewonnen haben und täglich die Erfahrung machen, dass ihre Interessen, ihre berechtigten Bedürfnisse nach Zugehörigkeit, Sicherheit und Wohlstand nicht gesehen werden oder bedroht erscheinen. Und die mit ihren Lebensentwürfen in den gesellschaftsbegleitenden und -formenden Diskursen in den Medien und der Politik, und eben auch in unseren Kirchengemeinden oder den Sportvereinen nicht oder zu wenig vorkommen. Über die allenfalls in schlauen Kommentaren geschrieben wird, *mit* denen aber nicht oder viel zu wenig gesprochen wird. Zu Recht erleben diese Menschen diese permanente Nichtbeachtung als Abwertung ihrer Biografie, ihrer Lebensleistung.

Solche Menschen finden sich nicht nur unter Obdachlosen, Flüchtlingen, Hartz-IV-Empfängerinnen oder anderen Menschen in Notlagen, die von Diakonie und anderen Wohlfahrtsverbänden begleitet und unterstützt werden. Sie finden sich zunehmend – eine schwer zu akzeptierende Einsicht – in allen Schichten der Gesellschaft. Schwer zu akzeptieren, weil diese Haltung auf den ersten Blick leicht wehleidig wirken kann und in einem der reichsten Länder der Welt als eine weitere Spielart der »German Angst« oder als »Jammern auf hohem Niveau« erscheint. Der Eindruck »Die hören uns nicht zu« ist aber der kleinste gemeinsame Nenner, auf den sich gegenwärtig viele sehr unterschiedliche Leute verständigen können, die sonst keine Gemeinsamkeiten aneinander entdecken. »Die hören uns nicht zu« – das ist ein zu weit verbreitetes Gefühl in diesem Land, obwohl Massenmedien, Internet und Soziale Medien uns in nie gekannter Weise mit persönlich zugeschnittenen Nachrichten, personalisierter Werbung und Teilnahmemöglichkeiten überschütten.

Die Gefühle der Verunsicherung und des Ausgeschlossenseins verbreitern sich von den »Rändern« bis tief in die Mitte unserer Gesellschaft und verbinden sich mit tatsächlichen kulturellen, sozialen und ökonomischen Disparitäten. Das ist ein echtes Problem für den gesellschaftlichen Zusammenhalt und die Demokratie. Oder weniger hochtrabend: Es ist ein zunehmendes Problem für ein friedliches Miteinander und für die konkrete Nachbarschaft von Menschen ganz unterschiedlicher Bildung, Meinung, Gesundheit, Sprache, Weltanschauung, von unterschiedlichem Geschlecht und Alter in unserem Land. Das ist eine krisenhafte Gemengelage für die vielgesichtige Gemeinschaft in den deutschen Städten und Dörfern im Herzen eines sich rapide wandelnden Europas in einer Welt, die »im Zeitalter der Nebenfolgen«[7] vor gewaltigen (Menschheits)-Problemen steht. Die Situation ist komplex, einfache Lösungen gibt es nicht, und wer sie verspricht, ist so vertrauenswürdig wie ein Hirnchirurg, der sich mit einer Axt ans Werk macht.

## Relativ arm im reichen Deutschland

Ortswechsel: Der Mann sieht gar nicht »arm« aus, er trägt sogar einen Anzug. Es ist Dienstagvormittag, wir stehen nebeneinander in der Berliner Heilig-Kreuz-Kirche. Und er erzählt mir von seinen früheren Schwierigkeiten, mit Menschen wie mir überhaupt ins Gespräch zu kommen. »Leute wie Sie sprechen einfach eine andere Sprache«, erklärt er mir. »Früher hätte ich mich gar nicht getraut, einen wie Sie direkt anzusprechen.« Für Politiker gelte das auch: »Ihr kommt alle aus einer anderen Welt.« Er nimmt einen Schluck Kaffee und ergänzt lächelnd: »Ist für mich wie Fremdsprachen lernen.« Heute könne er, wenn die Sozialministerin komme, so reden, dass sie ihn verstehe, und auch er verstehe mehr von dem, womit sie sich beschäftige: »Viele von uns jammern und schimpfen ja nur.« Das reiche nicht, wenn es zum Beispiel um eine gerechtere Rentenpolitik ginge. Er macht eine Geste in den Raum: »Hier habe ich gelernt, so zu reden, dass Sie mir zuhören.«

»Hier« ist das »12. Treffen der Menschen mit Armutserfahrungen«, die die Nationale Armutskonferenz (NAK)[8] seit 2006 jährlich in unterschiedlichen Städten veranstaltet. Mein Gesprächspartner besucht dieses Treffen regelmäßig: Hier tauscht er sich mit anderen Betroffenen aus, pflegt Kontakte, vernetzt sich und lernt reden, argumentieren und – zuhören.

Aus dem gleichen Grund bin auch ich hier, um zuzuhören; um Menschen zu treffen, mit denen ich derzeit meist nur indirekt zu tun habe – weil sie in den Gremiensitzungen, Konferenzen und Gesprächsrunden nicht vorkommen, in denen ich berufsbedingt viel sitze.

»Die Armen«, für deren Interessen sich die NAK einsetzt, sind eine große Gruppe von Menschen, über die in unseren öffentlichen Diskursen zwar oft kontrovers gestritten wird, mit denen aber kaum jemand wirklich mehr spricht. Armut in Deutschland hat sehr viele Gesichter. Die sozialen

Wirklichkeiten in Stadt und Land, im Osten und Westen, Norden und Süden der Bundesrepublik unterscheiden sich gravierend. Mitunter fährt man nur wenige Kilometer oder spaziert in einer Stadt nur von einem Stadtteil in den anderen und hat schon sehr konkret vor Augen, wie unterschiedlich die Bedingungen sind, unter denen sehr verschiedene Menschen – oft nur wenige Kilometer voneinander entfernt – bei uns leben. Obwohl unsere Volkswirtschaft zu den prosperierenden der Welt gehört und aus der Perspektive des Südsudans etwa nahezu jeder Deutsche als unfassbar reich erscheinen muss.

Die Sozialwissenschaft unterscheidet mit guten Gründen zwischen absoluter und relativer Armut. Als absolut arm gilt ein Mensch, der von weniger als 1,25 Dollar pro Tag leben muss. Etwa 1,2 Milliarden Menschen weltweit sind davon betroffen. In unserer Wohlstandsgesellschaft leben Menschen dagegen in relativer Armut. Relative Armut bezieht die individuellen Lebens- und Entwicklungschancen in der konkreten betroffenen Gesellschaft mit ein, es geht also um soziale Ungleichheit. Armut bedeutet dann, dass ihm vielleicht kein Hungertod droht, aber dass eine Person nicht die Teilhabemöglichkeiten hat, die in ihrem Land als normal gelten, und dass sie zugleich materiellen Mangel erleidet, sodass geringes Einkommen und soziale Ausgrenzung zusammenkommen. Wer lange mit geringen Mitteln und ohne Aussicht auf Veränderung leben muss, erlebt nicht nur beim Gang durch stylish inszenierte Kaufhauspassagen und durch die besseren Stadtviertel, tagtäglich ausgeschlossen zu sein. Er erlebt Exklusion durch Armut auch dann, wenn es um die Nichtteilnahme an der Klassenfahrt, dem Kinobesuch, dem neusten Ernährungstrend oder der aktuellen Mode geht. Oder: Viele relativ arme Menschen unter uns sind von Mobilität ausgeschlossen, weil sie kein Geld für Öffentlichen Nahverkehr oder Bahnfahrten aufbringen können. Besonders in ländlichen Räumen erweist sich das als zusätzliches Hindernis für Teilhabe am Leben der anderen. Plakativ gesagt: Wer den Zug oder Bus nicht nehmen kann, verliert den Anschluss.

Wer im reichen Deutschland den Anschluss verliert und relativ arm ist, der stirbt nicht nur früher[9], sondern hat beispielsweise auch schlechtere Schulnoten und schlechtere Bildungschancen als der Durchschnitt, weniger soziale Kontakte, und hat es schwerer als andere, beruflich aufzusteigen. Auch die Möglichkeit, am gesellschaftlichen Leben teilzunehmen, die soziale und kulturelle Teilhabe bleibt für viele Menschen mit Armutsrisiken stark eingeschränkt. Beteiligung an demokratischen Prozessen oder zivilgesellschaftliches Engagement sind keine echte Option, wenn bereits die Bewältigung des Alltags alle meine vorhandenen Kräfte bindet. Scham und das Gefühl, nicht dazuzugehören, verstärken die manchmal subtile, manchmal offen zutage tretende, in jedem Fall aber ständig präsente Erfahrung von realer Exklusion und gefühlter Abwertung. Diese Gefahr ist dabei kein Randphänomen: Rund 16,1 Prozent aller in Deutschland lebenden Menschen gelten heute als armutsgefährdet. Etwa jeder Sechste also. Das sind etwa 13 Millionen Frauen, Kinder und Männer. Armutsgefährdet heißt: Ihnen stehen weniger als 60 Prozent des mittleren Einkommens zu Verfügung.

Wer sind diese Menschen, die in Armut geraten? Und warum verarmen sie? Die Ursachen von Armut sind so vielfältig wie die Armen selber: Menschen verarmen, weil sie ihre Arbeit verlieren, krank werden oder sich von ihrem Partner trennen. Besonders gefährdet sind Alleinerziehende mit Kindern, Beschäftigte im Niedriglohnsektor, Frauen im Rentenalter sowie Familien mit mehr als zwei Kindern.[10] Zwei Drittel aller Arbeitslosen beziehen Hartz IV-Leistungen, das sind etwas über 1,6 Millionen. Doch: Von den gut sechs Millionen Menschen »auf Hartz IV« ist nur ein Drittel arbeitslos gemeldet. Dazu kommen 600 000 Alleinerziehende, 1,2 Millionen Erwerbstätige, deren Einkommen als sogenannte Aufstocker nicht zum Leben reicht, und über 1,5 Millionen Kinder. Nach Berechnungen der Bundesanstalt für Arbeit erhielt von 2008 bis 2011 fast ein Fünftel der Bevölkerung Grundsicherungsleistungen. Diese Zahlen zeigen zum einen, welche gewaltige Transfer- und Unterstützungsleistung der Sozialstaat bei uns aufbringt. Zum anderen sind sie ein Indikator für viel zu viele Menschen, die mitten unter uns leben und sich doch abgehängt fühlen müssen. Unterstützt und doch verlassen – das geht zusammen, sollte es aber nicht.

Das Frappierende: Wachsende Teile der Bevölkerung, die unter der Armutsgefährdungsgrenze leben, rund vier Millionen Menschen, machen ihre Ansprüche auf Sozialleistungen erst gar nicht geltend. Dabei spielen Angst vor umfassender Kontrolle, fehlende Informationen und oft auch Stolz und Scham eine große Rolle. Wenn Menschen ihr Recht auf existenzsichernde Leistungen nicht in Anspruch nehmen, sprechen Sozialwissenschaftler von »verdeckter Armut«.

Hinter diesen nüchternen Zahlen verbirgt sich die Rentnerin, die zu stolz ist, um Hartz IV zu beantragen, genauso wie der Jugendliche, dem seine alleinerziehende Mutter erklären muss, dass er nicht mit auf die Abschlussklassenfahrt fahren kann. In Hannover erzählte mir der Leiter einer Grundschule, dass gut ein Drittel seiner Erstklässler ohne Schulranzen und selbstverständlich auch ohne Schultüte zum ersten Schultag erscheinen. Andere Erfahrungen klingen so: »Ich bete jeden Tag, dass mir die Waschmaschine nicht kaputt geht, der Kühlschrank nicht kaputt geht, der Fernseher nicht kaputt geht, die Stereoanlage nicht kaputt geht. Wenn eins davon kaputt geht, was machst du dann? Meistens ist es so, dass dann gleich hinterher noch was kaputt geht. Was macht man dann?«[11] Oder: »In meinem Haus wissen sie alle, dass ich arbeite. Aber es weiß keiner, dass ich Hartz IV bin. Nun bin ich neulich abends noch mal weggelaufen mit der Aktentasche unterm Arm, weil ich Akten drin hatte, und die wollte ich nicht unbedingt in den Einkaufsbeutel tun (…). Und da kommt eine Frau aus dem Haus und sagt: »Oh, sie müssen wohl noch einmal weg.« Ich sag: »Ja, ich muss noch mal weg. Ich bin ganz toll im Stress« (…) « Und da sagt sie: »So isses nun, die Leute, die Arbeit haben, können sich vor Arbeit nicht retten, und die Hartz-IV-Empfänger, die sitzen daheim und wissen vor purem Blödsinn nicht, was sie machen sollen.«[12]

Es sind konkrete Erfahrungen und Lebenswirklichkeiten wie diese, die hinter dem resignierten Seufzer meines Gesprächspartners stehen und den ich in den letzten Monaten von ganz unterschiedlichen Menschen höre: »Die hören uns nicht zu!«

## Unzufrieden in Deutschland

Auch ich gehöre zu denen, die unter dem Verdacht stehen, nicht zuzuhören. Ich werde als gut verdienender Vertreter eines abgehobenen Establishments wahrgenommen – weit weg von den alltäglichen Sorgen im wirklichen Leben in Völklingen, Eisenhüttenstadt oder dem Erzgebirge – und gelte deswegen bei manchen als nur eingeschränkt vertrauenswürdig. Das geht mir wie vielen in politischer, gesellschaftlicher, wirtschaftlicher oder medialer Verantwortung. Dazu kommt der »Verdacht, dass die Gewählten mehrheitlich korrupt sind, dass sie die Macht nur anstreben, um sich selbst zu bereichern«[13]. Zu den Vorwürfen gehört, die »Eilte« »talke« in »Nanny-Debatten« nur noch über, aber nicht mehr mit den Menschen, für die sie angeblich Politik mache. Ob zutreffend oder nicht: massenhaft geäußert und (sozial)medial verstärkt, stehen solche Vorwürfe jeder fruchtbaren Auseinandersetzung im Weg. Sie haben sich zu einer gesamtgesellschaftlichen Vertrauenskrise ausgeweitet, die sehr ernst zu nehmen ist. Die Signale tief sitzenden Misstrauens werden milieuübergreifend und in vielen öffentlichen und nichtöffentlichen Kommentaren, im Netz wie in öffentlichen Diskursen vernehmbarer. Ein Misstrauen und eine Unzufriedenheit, die keineswegs nur bei den relativ Armen vorherrscht.

In seiner hellsichtigen Analyse diagnostiziert der Soziologe Andreas Reckwitz in seinem Buch »Gesellschaft der Singularitäten«[14] eine um sich greifende allgemeine »Krise der Anerkennung, eine Krise der Selbstverwirklichung und eine Krise des Politischen«[15] in den spätmodernen Gesellschaften des Westens. Und so wie diese Krisen sich in unterschiedlichen Biografien in unterschiedlicher Weise niederschlagen, sind in unserer Gesellschaft die Unzufriedenen und Unerhörten keine graue Masse, sondern haben sehr unterschiedliche Gesichter und Geschichten: Sie wohnen in edlen Stadtteilen und in »No-Go-Areas«, sie verdienen ausgezeichnet und fühlen sich trotzdem kulturell abgehängt. Sie beziehen Grundsicherung, erziehen Kinder, hüten die Enkel, pflegen die Tante. Manche arbeiten Schicht, Teilzeit, in mehreren Jobs oder in einem mehr als sechzig Stunden in der Woche. Andere sind arbeitslos. Manche leiden unter einer psychischen Erkrankung und finden keine Arbeit, die ihren Gaben und Grenzen entspricht.

Unzufriedenheit, Misstrauen und Angst sind kein Schichtenphänomen. Es gibt in Deutschland trotz hoher Transferleistungen zu viele einsame Alte und schlecht ernährte Grundschülerinnen, wütende Rollstuhlfahrer, alleinerziehende Akademikerinnen in prekären Beschäftigungsverhältnissen und wohnungslose Rentner. Es gibt alte Taxifahrer, die zwar mehrere fremde Sprachen sprechen, aber wenig Deutsch, und toughe junge Musliminnen, die keine Lust mehr haben, dem Bäcker oder sonst wem jedes Mal in bestem Deutsch zu erklären, warum sie »trotzdem« ein Kopftuch tragen. Es gibt schulversagende Tausendsassas ohne Migrationshintergrund, die von einer Karriere in Profifußball oder Popmusik träumen, müde Polizistinnen, Künstlerinnen und Siemens-Beschäftigte, die um ihre Existenz bangen. Es gibt Unzufriedene im Mittelstand, die Angst haben, bald nicht mehr zum Mittelstand zu gehören, weil sie die steigende Miete[16] nicht mehr bezahlen können und nach einem halben Leben im zentral gelegenen Kiez jetzt in die preiswerteren Außenbezirke der Großstadt ziehen müssen: mit weitaus schlechterer Verkehrsanbindung und einem längeren Weg zur Arbeit und womöglich ohne Kindergartenplatz. Solche Menschen wohnen in Sachsen-Anhalt oder Bayern, in Hamburg, Heilbronn oder Sassnitz, überall in Deutschland. Für sehr viele, nicht für alle, sind relative Armut und soziale und kulturelle Exklusion zu einem sehr realen Thema geworden, zumindest zu einem realen Gefühl und einer das Selbstwertgefühl kränkenden allgegenwärtigen Sorge vor drohendem sozialem Abstieg. In ihrer unmittelbaren Nachbarschaft, eine oder zwei S- oder U-Bahnstationen oder drei Straßen weiter, leben andere Menschen, die solche Sorgen nicht kennen. Im Gegenteil: Sie genießen durchaus öffentlich und nicht nur vornehm zurückgezogen die Vorzüge des guten globalisierten Lebens.

Die Auswirkungen einer zunehmenden Polarisierung und Ungleichheit, die viele bis weit in den alten Mittelstand täglich spüren, sind sehr unterschiedlich. Und dieser »Polarisierung der Arbeitsverhältnisse entspricht eine nicht nur sozial-materielle, sondern auch kulturelle Polarisierung der Lebensstile … im Zuge des Paternostereffektes (entwickeln sich) die neue, akademische Mittelklasse und die neue Unterklasse (teilweise auch die alte Mittelklasse) in gegenläufiger Weise: kultureller Aufstieg und Abstieg stehen einander gegenüber und verlaufen gleichzeitig. Die neue Mittelklasse kann nicht nur auf berufliche Anerkennung zählen, sondern entfaltet eine kulturorientierte kuratierte Lebensführung, in der sie in allen Bereichen – von der Gesundheit bis zum Kosmopolitismus, von der Bildung und Erziehung bis zum Wohnumfeld – am hohen (ethischen und ästhetischen) Wert arbeitet und als Trägerin eines wertvollen ›guten Lebens‹ erscheint. Demgegenüber erfährt die neue Unterklasse eine Entwertung ihrer Arbeit, die mit einer Entwertung ihres gesamten Lebensstils einhergeht. Im Ergebnis scheint ein beträchtliches Segment der Gesellschaft von Fortschrittshoffnungen abgekoppelt.«[17] Das Gefühl, auf absehbare Zeit von Aufstiegsversprechen und Fortschrittshoffnungen abgekoppelt zu sein, kreiert inzwischen Misstrauen und Unzufriedenheit auch bei einer durchaus mittelständischen Klientel der Bevölkerung, die in den zurückliegenden Jahren mit guten Gründen zumindest noch von einer Verbesserung der Lebensbedingungen ihrer Kinder überzeugt sein durfte. Dagegen leben, scheinbar unberührt und ungerührt von diesen Prozessen der beständigen Be- und Abwertungen, wie durch eine unsichtbare Glasscheibe getrennt, immer mehr sehr Wohlhabende und Trendsetter, für die das alles keine echten Sorgen sind. Die sich an allen Freiheiten und Köstlichkeiten des Lebens freuen, die Wochenendflugtrips ins europäische Ausland genauso genießen wie die aufwendig sanierte Altbauwohnung in dem schönen Gründerzeithaus in einem der immer noch angesagten Viertel Berlins. Auf dessen Fassade hat jemand in großen weißen Buchstaben geschrieben: »Kreuzberg, das sind wir!«

## Blühende Landschaften, abgehängte Regionen

Die unerhörten Verhältnisse in unserem wohlhabenden Land lassen sich natürlich nicht nur als Lebensgeschichten erzählen, sie lassen sich auch in Lebensräumen abbilden. Der soziale Zusammenhalt in Deutschland wird nicht nur durch individuelle soziale Ungleichheit und persönliche Befindlichkeit gefährdet, sondern auch durch gravierende regionale Disparitäten. Die sogenannte Armutsgefährdungsquote, die angibt, wie hoch der Anteil der Menschen ist, die weniger als 60 Prozent des mittleren Einkommens in Deutschland haben, lag laut Statistischem Bundesamt 2016 in Bremen bei 22,6 Prozent und in Sachsen-Anhalt bei 21,4 Prozent. In Baden-Württemberg lag die Quote dagegen nur bei 11,9 Prozent, in Bayern bei 12,1 Prozent.[18] Nord und Ost also arm, West und Süd reich? So einfach ist es nicht. Denn auch im reichen Süddeutschland bestehen erhebliche Unterschiede zwischen Regionen, Städten, Stadtteilen. Ob man in Mannheim oder in Freiburg lebt, in Nürnberg oder in München macht einen erheblichen Unterschied.[19] Finanziell völlig unterschiedlich ausgestattete Kommunen sind zum großen Teil für den Ausbau und die Sicherung der sozialen Infrastruktur vor Ort zuständig. Trotz der Landflucht, unter der manche Regionen massiv zu leiden haben, leben 70 Prozent aller Deutschen in Orten, die weniger als 100 000 Einwohnerinnen und Einwohner haben, mehr als 40 Prozent leben in Dörfern oder Kleinstädten.[20] Viele Ballungsräume in Deutschland prosperieren, gleichzeitig gibt es ländliche Regionen und Kleinstädte, die mit massiven Strukturproblemen zu kämpfen haben.[21] Mitunter entscheiden nur wenige Kilometer über die ungleichen Chancen, die eine Kommune bietet. Ob Gelsenkirchen oder Düsseldorf – wo, in welchen kommunalen Verhältnissen heute ein Kind in Deutschland aufwächst, kann bleibende Auswirkungen auf eine ganze Biografie haben.[22] Der Deutsche Städte- und Gemeindetag weist zu Recht darauf hin, dass sich die demografischen, sozialstrukturellen und gesellschaftlichen Veränderungen nirgendwo so deutlich zeigen wie in den Städten und Gemeinden: »Hier werden die Bedarfe und Bedürfnisse der Menschen nicht nur artikuliert, hier wird auch konkrete Abhilfe erwartet.«[23] Egal ob Arbeit, ob Kinderbetreuung, oder Schulbildung, Integration von Flüchtlingen, Leben im Alter oder Inklusion, ob Digitalisierung, die Bereitstellung von Wohnraum oder Fragen der Mobilität – die Städte und Gemeinden müssen es umsetzen. Landesweit erhobene Durchschnittswerte sind deshalb trügerisch und geben weder das subjektive Erleben der Menschen noch die realen regionalen Unterscheide zutreffend wieder. Auch korrekte Zahlen können eben ein verzerrtes Bild zeichnen. Was bei den Menschen ankommt, entscheidet sich vor Ort, im konkreten Sozialraum. Wer in seinem Alltag, vor der eigenen Haustür, in seiner Nachbarschaft, die Vorteile der Demokratie und der sozialen Marktwirtschaft, von Freiheit und Wohlstand nicht erleben kann, wird nur schwer davon zu überzeugen sein, dass es lohnend ist, sich für diese Gesellschaftsform einzusetzen.

# Respekt oder die Kultur des Zuhörens

## »Es riecht hier so ängstlich«: Zuhören lernen

Ich habe mehrere Jahre als Krankenhausseelsorger gearbeitet. Für mich war das Krankenhaus der Ort, an dem ich als Pfarrer arbeiten wollte, weil er mir »ehrlich« erschien. Herausfordernd. Das echte, ungeschminkte Leben. Im Krankenhaus treffen Menschen aller Schichten, Bildungsstände, Weltanschauungen aufeinander – Menschen in existenziellen Krisensituationen. Im hochtechnisierten Krankenhaus bildet sich die Gesellschaft genauer, auch ungefilterter ab als in einer Kirchengemeinde. Ich wollte auch später als Gemeindepfarrer nie in einer kirchlichen Sonderwelt leben und arbeiten – das ist bis heute so geblieben.

Ein großes Krankenhaus ist eine Welt für sich. Hier treffen Menschen mit alltäglichen Malaisen und in Extremsituationen aufeinander, es geht um Schmerz und Leid, um Angst und Hoffnung, oft um Leben und Tod. Das zieht an und stößt ab. Schon den Krankenhausgeruch finden viele unerträglich – diesen Mix aus Ausdünstungen kranker Körper und Desinfektionsmitteln. »Es riecht hier so ängstlich«, sagte einmal ein vielleicht fünfjähriges Mädchen am Bett ihrer schwerkranken Oma. Dieser Satz begleitet mich in vielen schwierigen Gesprächssituationen. Wenn es »ängstlich« riecht, sollte man besonders aufmerksam zuhören und seine Worte sorgfältig wählen.

In der Klinik habe ich schnell gelernt, dass ich nicht kraft Amtes zu einem guten Zuhörer werde, sondern dass es viel zu lernen gibt, um ein besserer Zuhörer zu werden. Die Arbeit in einem Düsseldorfer Innenstadtkrankenhaus und eine begleitende Gestaltseelsorgeausbildung konfrontierten mich mit meinen unbewussten Hörgewohnheiten und Höreinschränkungen, mit den inneren Vorurteilen, Bildern und Meinungen, die unser Zuhören beeinflussen. Sie lehrten mich, dass ich nicht von vorneherein wissen kann, welche »Sprache« mein Gegenüber spricht, auch wenn wir dieselbe Muttersprache sprechen. Ich lernte, dass es Zeit und Mühe braucht, den anderen zu verstehen. Wie schnell ich nicht die Patientin höre, sondern nur das, was ihre Worte in mir auslösen. Ich lernte, mit anderen nicht veränderbare belastende Situationen auszuhalten, ohne mich zum Thema zu machen, mich auch auf Fremde und mich befremdende Menschen freundlich einzulassen. Zuhören gelingt nicht immer, Zuhören kann gründlich misslingen. Aber: Zuhören kann erlernt werden. Und: Zuhören braucht mindestens zwei Menschen, die bereit sind, sich füreinander zu öffnen. Zuhören beginnt auch lange bevor es daran geht, mit anderen ein Gespräch zu führen. Zuhören setzt eine Haltung des Respekts voraus, die den anderen als anderen akzeptiert. Christen sprechen in diesem Zusammenhang von Nächstenliebe. Es ist mir wichtig geworden, dass die griechische Vokabel im Evangelium, die wir meist mit »lieben« übersetzen, auch »respektieren« bedeutet. Es geht eben nicht in erster Linie um Sympathie, es geht zuerst um Respekt bei der Nächstenliebe.

Bei einem Erstbesuch weiß ein Krankenhausseelsorger nur ungefähr, was oder wer ihn hinter der Krankenzimmertür erwartet. Bin ich überhaupt willkommen? Was wird von mir gebraucht, wie kann ich unterstützen? Aufgesagte fromme Sprüche entlarven sich schnell als ungedeckte Schecks. Eile, Unkonzentriertheit zahlen sich nicht aus. Ich habe immer wieder erfahren, wie stark vermeintlich schwache Menschen sein können, und wie schwach die vermeintlich Starken. Wie anspruchsvoll es sein kann, die richtigen Worte zu finden, die es mitunter gar nicht gibt. Auch Schweigen verbindet. Ich habe gelernt, von Menschen wenig zu erwarten und ihnen alles zuzutrauen. Offen zu bleiben, mich zurückzunehmen, zuzuhören, ohne immer Antworten zu haben – das ist für mich bis heute eine Herausforderung geblieben. Am wichtigsten wurde mir die immer wieder neu zu bewährende Haltung des Respekts vor der Andersartigkeit des anderen. Dieser Respekt ist so etwas wie die Basis aller gelingenden Kommunikation. Und diesen Respekt vermisse ich in den empörten Diskursen und Debatten unserer Gesellschaft. Die öffentliche Kultur des Gesprächs, das unvoreingenommene Zuhören als Ausdruck des Respekts ist auf einem Tiefpunkt angelangt.

Ich bin überzeugt: Was ich als Krankenhausseelsorger über das Zuhören gelernt habe, gilt nicht nur am Klinikbett oder in seelsorgerlichen Kontexten, es lässt sich in die unterschiedlichsten Gesprächssituationen übertragen. Auch in solche, die gar nichts mit Seelsorge zu tun haben. Auch in leidenschaftlichen politischen Debatten und weltanschaulichen Diskussionen reden wir als verletzliche und sterbliche Menschen mit nicht austauschbaren Lebensgeschichten miteinander, deren Lebensentwurf von jetzt auf gleich zerbrechen kann und keinen Anspruch auf Allgemeingültigkeit besitzt. Das verbindet Akademikerin und Arbeiter, den Hipster und die Wohnungslose. Wir reden als Männer und Frauen mit einer verletzbaren Würde, die darum voneinander Respekt erwarten können. Das auch mitten im Streit nicht zu vergessen, verändert den Umgangston.

Noch etwas anderes ist mir in den Klinikjahren wichtig geworden: Das Krankenhaus fordert dazu heraus, nicht nur das Einzelschicksal zu sehen, sondern den Menschen in seinem Umfeld wahrzunehmen und zu verstehen. Wer mit kranken Menschen in der Klinik umgeht, bekommt es immer nicht nur mit individuellen Schicksalen, sondern auch mit sozial- und gesundheitspolitischen Bedingungen und Vorgaben zu tun, die dieses konkrete Schicksal mitbeeinflussen. Dazu gehören die Finanzierungsbedingungen des Gesundheitssystems, die Lebensbedingungen im Stadtquartier genauso wie das Menschenbild, das das Handeln des Klinikpersonals begleitet, die Arbeitsbeziehungen und die Arbeitsbelastung auf der Station. Wer als professioneller Zuhörer in einem Krankenhaus nicht über Politik und Gesellschaft nachzudenken beginnt, denkt zu kurz. (Die Assistenzärztinnen und -ärzte sprachen bei Patienten mit Alkohol- und Nikotinabusus oder Fettleibigkeit von »Morbus Bilk« – nach dem Stadtteil, in dem sich das Evangelische Krankenhaus Düsseldorf befand.) Seelsorge hat – wie jedes Gespräch – immer auch eine gesellschaftspolitische Dimension. Zuhören geschieht immer in einem sozialen Umfeld.

Die wirklich gute Nachricht aber lautet: Jede und jeder kann lernen, besser zuzuhören.

## Wenn »es brodelt und riecht und stinkt«: Zuhören wollen

Ein Freund hat mir einen Reisebericht des freien Journalisten Jürgen Wiebicke geschenkt: »Zu Fuß durch ein nervöses Land. Auf der Suche nach dem, was uns zusammenhält«[24], heißt sein Buch. Wiebicke, der bei WDR 5 jeden Freitagabend »Das philosophische Radio« moderiert, schildert hier eine mehrwöchige Recherche-Wanderung durch Nordrhein-Westfalen. Im Sommer 2015. Alleine, zu Fuß, mit wenig Gepäck, aber mit Kreditkarte. Es ging ihm nicht um Askese, auch nicht um Naturschönheiten oder Sehenswürdigkeiten. Die Stationen seiner Wanderung heißen Forsbach, Neuss oder Krefeld, Dormagen, Coesfeld, Recklinghausen, Essen, Münster, Bielefeld – um nur einige zu nennen. Alle paar Tage trifft er eine gezielte Verabredung, so entsteht eine lose Struktur. Vor allem aber geht es Wiebicke um zufällige Begegnungen, darum, mit den unterschiedlichsten Menschen ins Gespräch zu kommen. Zu schauen, was sich zwischen Klostergärten und Schützenfest, Privatbankhaus und sozialer Wohngruppe, Künstleratelier, Fußgängerzone, Anglersteg, Großgärtnerei oder Schlachthof herausfinden lässt über den Zustand unserer Republik. Dieses Wandertagebuch liest sich wie eine Feldforschung im eigenen Land, hoffnungsvoll und ernüchternd in einem. Wiebickes Fazit kann ich mit meinen Erfahrungen voll und ganz unterschreiben: »Ich bin zurückgekehrt mit der Erkenntnis: Wir müssen reden. Wir müssen dringend an der Kommunikationsstörung arbeiten, die inzwischen die Substanz der Demokratie untergräbt. Unserer Gesellschaft fehlt es an Orten der Begegnung für unterschiedliche Schichten und Milieus, es fehlt an Formaten des offenen Diskurses, an einer Kultur der Zuhörens und Argumentierens, in der der Hass keine Chance hat. Es fehlt an Orten, an denen Bürger gemeinsam die Erfahrung machen, ihre Lebenswelt politisch mitgestalten zu können, anstatt Wandel immer nur passiv oder sogar ohnmächtig zu erleben. Es fehlt an Orten, an denen unsere Eliten auf soziale Wirklichkeit treffen, an denen es brodelt und riecht und stinkt, wie es der SPD-Vorsitzende (damals Sigmar Gabriel, U.L.) einmal klug formuliert hat.«[25]

Wiebickes Buch reiht sich ein in einige Lektürefunde der vergangenen Monate. Ich komme leider zu wenig zum Lesen, meistens bleibt es bei Aufsätzen, Zeitungsartikeln und Fachbezogenem. Aber derzeit werde ich aufmerksam, wenn es ums Zuhören geht. Frank Richters Buch »Hört endlich zu!« ist hier zu nennen, auch Hans-Joachim Maaz'[26] »Das falsche Leben«. Aber zu meinen Funden gehören auch die Erfahrungen des Gießener Studenten Ali Can, der als »Asylbewerber Ihres Vertrauens«, mit seiner »Hotline für besorgte Bürger« und dem gleichnamigen Buch[27] in ungewöhnlicher Weise über die Möglichkeiten und Mühen des Zuhörens geschrieben hat. 1995 als kleiner Junge mit seiner Familie als Asylbewerber nach Deutschland gekommen, schildert Can hier anschaulich seine Begegnungen und Gespräche mit Menschen, die von anderen als »rechtes Pack« beschimpft werden. Er zeigt eindrucksvoll, wie oft Feindseligkeit auf Unwissenheit beruht und wie viel mit Gelassenheit und Respekt zu erreichen ist. Cans Fazit nach einer Reise durch den Osten der Republik: »Wer bei besorgten Bürgern wie Pegida-Demonstranten eine wertschätzende Haltung gegenüber Migranten anstoßen möchte, muss den Demonstranten erst einmal selbst mit Wertschätzung begegnen. Möchte man jene, die sich auf ein Gespräch einlassen, davon überzeugen, toleranter zu werden, so muss man selbst zunächst tolerant ihnen gegenüber sein – so schwer es anfangs fallen mag.«[28]

All diese Autoren verstehen Zuhören als Ausdruck von Respekt. Sie suchen das direkte Gespräch, sie verzichten auf (Vor-)Verurteilungen, bleiben auf Augenhöhe und geben den Ansichten der anderen Raum. Sie (be)suchen die Menschen, die sie – wie viele – nicht verstehen, und sie gehen – wie nur wenige – nah ran. Sie wagen Nähe. Trotzdem stellt sich die Frage, ob es weiterhilft, die Verwerfungen in unserer Gesellschaft auch als Beziehungs-, Teilhabe- und Kommunikationsproblem zu verstehen und entsprechend zu behandeln. Schließlich reden wir nicht über ein Paar oder eine Familie, einen ratsuchenden Schuldner oder ein zerstrittenes Team, sondern über eine Bevölkerung, eine Gesellschaft mit gut über 80 Millionen Menschen, die in einem demokratischen Rechtsstaat unter marktwirtschaftlich geprägten Bedingungen organisiert sind. Wir können keinen Stuhlkreis bilden, keine Gruppentherapie oder ein Coaching fürs Volk wollen und auch kein Plenum einberufen. Und doch müssen wir reden, brauchen wir, wie Hans Joas es sinngemäß formuliert hat[29], sowohl die Debatten über Begriffe, Konzepte und Argumente als auch die Räume des offenen, absichtslosen Gesprächs und des Zuhörens, in denen sich Menschen über die Erfahrungen *hinter* ihren Werten austauschen. Es geht um

Verstehen und nicht um reflexhafte Abwehr. Nur so kann ein Klima des Respekts entstehen, das Unerhörte ins Erzählen bringt, zum Zuhören einlädt und den Umgang miteinander nachhaltig verändert. Das kann nur auf der Basis eines Mindestmaßes von gegenseitigem Vertrauen gelingen. Solches Vertrauen muss man sich in der Politik wie vor Ort allerdings häufig erst erarbeiten. Es ist kein Wunder, wenn oberfächlich inszenierte öffentliche Dialoge mangels Ernsthaftigkeit häufig scheitern oder eher mehr neues Misstrauen erzeugen. Wechselseitiges Vertrauen entsteht auch nicht mit einer Haltung des Anbiederns, viel öfter braucht es im Gegenteil den lebhaften und leidenschaftlichen sachlichen Widerspruch in der Auseinandersetzung. Es geht um langen Atem, um das Überwinden von realen Barrieren und Schwierigkeiten und um glaubwürdige, am Wohl aller Beteiligten orientierte Verbesserungsversuche der konkreten Lebensbedingungen vor Ort. Dafür brauchen wir kulturkundige und -sensible Moderatoren, die Kooperationen und Dialoge sorgfältig vorbereiten und moderieren[30]. Die es verstehen, die Menschen aus ihren Blasen, Milieus und Communities herauszulocken und für mehr Gemeinsinn zu gewinnen. Selbstverständlich bleiben die Unbelehrbaren, Rassisten und Fundamentalisten, die weder an ernsthaften Dialogen noch an menschendienlichen Kooperationen interessiert sind. Die gibt es überall und in allen Spielarten der Religionen und Weltanschauungen. Sie gilt es kompromisslos und mit allen Mitteln des Rechtsstaats zu bekämpfen.

## Worüber reden wir eigentlich?[31]

Die U-Bahn Station Hellersdorf im Berliner Stadtteil Marzahn-Hellersdorf ist von einem kleinen Park umgeben: ein Angstraum, vor allem nachts oder in der Dämmerung morgens und abends. Nicht nur Kinder und Frauen nehmen dann lieber den weiten Umweg über die beleuchteten Straßen in Kauf. Zu gefährlich sei diese Grünanlage, erläutert mir eine Mitarbeiterin von Bundestagsvizepräsidentin Petra Pau (Die Linke) bei einem gemeinsamen Spaziergang mit ihrer Chefin durch deren Wahlkreis Marzahn-Hellersdorf. Menschen aus 128 Nationen leben hier, berichtet Petra Pau. Ein Großteil von ihnen beziehe Hartz-IV-Leistungen. Die eher schlichten Wohnungen gelten als billig, sagt sie, seien aber häufig in einem sehr schlechten Zustand.

Neben dem kleinen Park, für dessen Beleuchtung sich das Büro Pau mit anderen seit Längerem erfolglos einsetzt, findet sich der Gebäudekomplex der Alice Salomon Hochschule. Über Monate konnte man 2017/18 in fast allen überregionalen Medien über diese Hochschule hören und lesen. Der Grund: eine absurde Debatte um das Gedicht »avenidas« des bolivianisch-schweizerischen Dichters Eugen Gomringer an der Südfassade dieses Gebäudes. Ich hatte sie in den Feuilletons und Nachrichten zwar wahrgenommen, aber ich hatte mir nie wirklich klar gemacht, in welchem sozialen Umfeld dieser deutschlandweit geführte Feuilleton-Streit um den angeblich frauenfeindlichen Text und die geforderte Neugestaltung der Fassade sich entzündet hatte. Die Menschen in Marzahn und ihre Lebensumstände spielten für die

Streitenden dabei keine Rolle, wenn ich mich recht erinnere. Ich frage mich: Worüber reden wir eigentlich? Und worüber nicht? Denn für die Menschen hier zählen die Feuilletons und Fachdebatten nicht. Für sie zählt, was Petra Pau so ausdrückt: »Zum Glück machen viele der Absolventinnen und Absolventen ihre Praktika und Anerkennungsjahre bei uns, sonst wäre die Lage noch schwieriger.« Sie sei froh über diese Hochschule mit ihren vielen Studiengängen in den Bereichen soziale Arbeit, Gesundheit, Erziehung und Bildung mitten in ihrem abgehängten Stadtbezirk.

Wir beginnen unseren Spaziergang durch die unmittelbare Umgebung der Hochschule mit einem Besuch in ihrem Stadtteilbüro an der Henny-Porten-Straße. Morgens war Bürgersprechstunde und die Erinnerungen der Vizepräsidentin des Deutschen Bundestages sind noch frisch: Pau erzählt von einer alleinerziehenden Mutter, die sich zusammen mit ihren sporthochbegabten Kindern durch ihr Leben kämpft. Einer der Söhne ficht auf hohem Wettkampfniveau, muss aber jedes Mal, wenn er eine 50-Euro-Prämie für einen Sieg bekommt, das Geld nach dem Turnier beim Jobcenter abgeben. Überhaupt scheint aus Behördensicht das aufwendige Training mit dem schulischen Werdegang des Jungen zu kollidieren. Er sei aufgefordert worden, sich zu entscheiden. Wie nah liegen Erfolg und Beschämung nebeneinander.

Eine andere Besucherin, eine »DDR-Witwe«, die von einer Rente von nur 600 Euro im Monat lebt, habe sich nach vielen Beratungsgesprächen endlich entschieden, sich von ihrem alkoholkranken Sohn zu trennen, mit dem sie seit Jahren zusammenwohnt. Sie hätte ein Recht auf Unterstützung, weigere sich jedoch, zum Amt zu gehen – aus Stolz. Das sind nur zwei Hellersdorfer Geschichten. Viele ihrer Besucherinnen und Besucher, berichtet Petra Pau, klagen über Mieterhöhungen, darüber, dass sie mit ihren kleinen Renten inzwischen die ÖPNV-Kosten nicht mehr aufbringen können und so nicht einmal für kurze Zeit aus diesem Stadtteil mit all seinen Herausforderungen und Zumutungen herauskommen. Die einen benötigen wegen Sprach- und Rechtschreibschwierigkeiten Hilfe beim Ausfüllen der umfangreichen Bögen für die Ämter, andere brauchen Unterstützung, um überhaupt herauszufinden, welche Behörde für sie zuständig ist. Der Alltag ist ein ständiger Kampf.

Bei unserem anschließenden Spaziergang fährt uns der winterliche Ostwind ins Gesicht. Wir schlendern durch merkwürdig leere Straßen. Für mich strahlt das Viertel eine spürbare soziale Kälte aus: Selbst an diesem sonnigen Nachmittag wirken die Grünflächen und Gehwege zwischen den Häusern verwaist. Die meisten Ladenlokale stehen leer oder beherbergen gemeinnützige Beratungsstellen, für Spätaussiedler zum Beispiel oder für Roma. An einem Stadtteilbüro mit Quartiersmanagement mahnt auf der Glastür ein handgemaltes Pappschild: »Bitte, treten Sie sich sauber die Füße ab, bevor Sie eintreten!« An der gegenüberliegenden Ecke wartet ein einsames Spielmobil auf Kinder.

Petra Pau, die selbst seit fast 30 Jahren in Marzahn wohnt, betont, wie wichtig hier jedes noch so kleine Engagement sei. Doch die meisten Menschen lebten hier nebeneinander her, schlügen sich alleine durch. Sprachbarrieren trennen, kulturelle Welten prallen aufeinander. Wir kommen an einem verlassenen Urban-Gardening-Projekt vorbei: zerstörte alte Hoch- und zertretene Pflanzbeete. Die Früchte, Kräuter und Pflanzen waren zwar für alle Bewohnerinnen und Mitbürger gedacht, aber die Wut der Jugendlichen, die sich hier nachts aufhalten, ist groß. Die Gärtnergruppe hat jedenfalls aufgegeben – der Vandalismus hat den Idealismus verdrängt.

Einmal jährlich veranstaltet der Bezirk im Eastgate, dem riesigen Einkaufszentrum, sogenannte Sozialtage. Der gewaltige Betonklotz, das wie vom Himmel gefallen wirkende, trostlose Zentrum des Stadtteils, beherbergt dann für wenige Tage neben den üblichen Geschäften Info-Stände zu Beratungseinrichtungen, Stadtteilzentren, Seniorencomputerklubs und anderen Initiativen. Es gibt Unterstützung, trotzdem finden nur die Wenigsten ihren Weg zu den sozialen Angeboten und Hilfen. Noch so eine unglückliche Parallelität der Welten.

Aktuell steigt auch die Zahl der Obdachlosen in Marzahn an. Zur jährlichen Weihnachtsfeier erscheinen sogar Kinder und Jugendliche, die auf der Straße leben. Frau Pau weiß von Menschen, die so tun, als ob sie zur Arbeit gingen, um nicht aufzufallen. Und sie erzählt von den pausenlosen unglücklichen strukturellen Veränderungen im Quartier: Seit 1990 hätten die Besitzer der Wohnungsbaugesellschaften immer wieder gewechselt. Auch in Marzahn-Hellersdorf sei Wohnraum längst zu einem attraktiven Spekulationsobjekt geworden. Den Preis zahlen immer wieder die Menschen, die es ohnehin schon schwer genug haben. Das Zusammenleben ist anstrengend, manchmal auch beängstigend, ergänzt eine Büromitarbeiterin: Nächtliche Gewalt, gelegentlich auch

Schießereien gehörten zum Alltag. Auch sie meidet den Weg durch den kleinen Park an der U-Bahn und nimmt lieber den beleuchteten Umweg in Kauf.

Nach einem einstündigen Rundgang stehen wir dann plötzlich wieder vor der in der Öffentlichkeit so heiß diskutierten Südfassade der Alice Salomon Hochschule, und Petra Pau erinnert mich an die aufgeregten Diskussionen um das Gedicht. Mein Gott, denke ich, was für eine Gesellschaft, in der eine solche Debatte Medien und Menschen im ganzen Land beschäftigt. Die Lebensbedingungen der vielen Kinder ohne Perspektiven, der tapferen, verzagten, wütenden Frauen und Männer im selben Stadtteil interessieren offensichtlich nur sehr wenige wirklich. Die Wahlergebnisse in Marzahn machen deutlich, dass die Menschen hier von den etablierten Parteien kaum noch Unterstützung erwarten. Heute ist die AfD zweitstärkste Kraft im Bezirk, hinter der Linken, die seit dem Mauerfall traditionsgemäß die Direktmandate holt. Petra Pau ist hier zu Hause und engagiert sich seit Jahrzehnten für die Verbesserung der Lebensverhältnisse, das wissen viele zu schätzen. Doch es ändert sich zu wenig. Und auch sie hat sich Feinde gemacht: Ihr Engagement für das Flüchtlingsheim am Ort war ein Auslöser für beängstigende Drohungen. Auch während unseres Spaziergangs wird Petra Pau deswegen diskret vom Personenschutz begleitet. Den brauche sie, sagen die Sicherheitsbehörden. Alles wird gut! Die Südfassade der Alice Salomon Hochschule wird ab August dieses Jahres ein politisch korrektes Gedicht der Lyrikerin Barbara Köhler zieren. Wie auch der beanstandete Gomringer trägt sie den Alice Salomon-Poetik-Preis: »Die Mitglieder des akademischen Senats haben sich nach einer intensiven und sehr abwägenden Debatte mehrheitlich für diesen Vorschlag ausgesprochen. Für die Hochschule bedeutet dieses Votum ein klares Bekenntnis zur Kunst«, zitierte die Pressemitteilung den Direktor der Alice Salomon Hochschule Berlin, Professor Dr. Uwe Bettig. Selbstverständlich kann ein Bekenntnis zur Kunst sehr wichtig sein, auch in sozialen Brennpunkten. Nur: Zwei Stunden in Marzahn-Hellersdorf reichen, um sich nachdenklich zu fragen, welche unerhörten Debatten wir in unserem Land führen – und welche eben nicht.

# Geschlossene Gesellschaft. Wer gehört dazu?

## Unerhört! Die Offene Gesellschaft

Die Frage, wer dazu gehört und wem zugehört wird, wer in den gesellschaftlich relevanten Debatten zu Wort kommt und wer nicht, beschäftigt mich auch in anderen Kontexten. Zum Beispiel beim Engagement in der Offenen Gesellschaft. »Die Offene Gesellschaft« ist eine »bürgerschaftliche Initiative ohne Parteibindung«[32] mit dem Ziel, die zivilgesellschaftlichen Kräfte, die sich für eben diese Gesellschaft einsetzen, zu vernetzen. Ihre »Erfinder« waren unter anderen der Soziologe Harald Welzer und der Politikwissenschaftler Alexander Carius, die 2015 den raumgreifend lautstarken Stimmen von Pegida und Co etwas entgegensetzen wollten. Ihre Überzeugung: Wir – die Freundinnen und Freunde einer offenen Gesellschaft – sind die Mehrheit. Die Diakonie Deutschland ist seit 2016 Partner der Offenen Gesellschaft, wie es etwa auch die Robert Bosch- und die Bertelsmann Stiftung sind, die Stiftung FuturZwei, die Denkfabrik Adelphi research, deutsch plus, das Maxim Gorki Theater oder das Deutsche Theater in Berlin. Auch das ist »Diakonie mit anderen«. Dazu kommen Privatpersonen, mehr als 4.000 Freundinnen und Freunde aus den unterschiedlichsten gesellschaftlichen Bereichen. Ein Bündnis mit der Idee, all jenen eine Bühne zu geben, die sich für eine offene Gesellschaft einsetzen.

Der Name »Offene Gesellschaft« nimmt den Buchttitel von Karl R. Popper, »Die offene Gesellschaft und ihre Feinde«, aus dem Jahr 1945 auf. Auch damals ging es darum, die kritischen Fähigkeiten des Menschen freizusetzen und zum konstruktiven Streit zu ermutigen. Offene Gesellschaft steht für mich deshalb für die freiheitliche gesellschaftliche Atmosphäre, in der ich leben und streiten möchte. Dazu braucht es den Einsatz der Zivilgesellschaft: Wir Bürgerinnen und Bürger, wir alle sind für ein freies, faires und offenes Gemeinwesen mitverantwortlich. Für mein Empfinden gibt es zu Viele, die bei den aktuellen Veränderungen in Europa und in Deutschland eher zusehen wie bei einem mehr oder weniger interessanten Fernsehabend. Das irritiert mich sehr. Denn nur in einer von möglichst vielen Bürgerinnen und Bürgern mitgestalteten freien Gesellschaft der Unterschiedlichen können wir uns auch kraftvoll für die Lebens- und Teilhabechancen aller unerhörten Menschen einsetzen. Das lässt sich eben nicht an einen gesichtslosen »Vater Staat« delegieren – und sei er noch so sozial. Für eine wirkungsvollere Armutsbekämpfung, für mehr Chancengerechtigkeit in der Kindertagestätte und in der Schule, für eine menschenfreundliche Umsetzung des Bundesteilhabegesetzes, für Inklusion, gegen Pflegenotstand und Fachkräftemangel, gegen die grassierende Wohnungsnot und für eine gelingende Integration kann und sollte jeder von uns etwas tun. Das in unserer gegenwärtigen gesellschaftlichen Lage hochaktuelle Prinzip der Subsidiarität[33] unterstreicht nicht nur die Privatautonomie jedes Einzelnen, also sein Recht, »ein eigener Mensch zu sein«[34]. Es erinnert auch daran, dass jeder Einzelne genauso eine Verantwortung nicht nur für sich selbst, sondern für das konkrete Zusammenleben der Einzelnen trägt. Doch ohne eine »Offene Gesellschaft«, die sich in einer Demokratie verwirklicht, ist das alles nichts. Nur die Demokratie gewährleistet, so Popper, Regierungen, deren wir uns ohne Blutvergießen, zum Beispiel auf dem Weg über allgemeine Wahlen, entledigen können.[35]

Die Offenheit der Offenen Gesellschaft verstehe ich außerdem als Haltung – so wie man einem Menschen ein offenes Wesen bescheinigt. Offenheit akzeptiert und realisiert, dass Vielfalt der (welt-)gesellschaftliche Normalzustand ist, und dass Vielfalt immer Konflikte mit sich bringt, die in einer Demokratie moderiert und bearbeitet werden müssen. Eine offene Gesellschaft ist offen für Kreuz, Kippa und Kopftuch, aber auch für Kleingarten, Sauerbraten und Veganismus, für Paare, Singles und Familien, für Depressive, Raucherinnen und Langweiler, für Rolli-Fahrer, Menschen mit Down-Syndrom und andere Hochbegabte. Alles andere ist realitätsfern und unterkomplex. Diese Komplexität, diese Unterschiedlichkeit ist eine Herausforderung, die anstrengt. Die nach Debatte, Diskussion, Haltung verlangt. Und vor allem eines voraussetzt: Zuhören.

An der Initiative »Offene Gesellschaft«, in deren Planungsrunden ich regelmäßig mitdiskutiere, begeistert mich dieser Geist. Er konkretisiert sich etwa in den Town Hall-Formaten, die seit 2015 landauf, landab hundertfach stattgefunden haben. Das sind Orte des Zuhörens und der Auseinandersetzung im besten Sinne. In Theatern, Stadthallen, Gaststätten und Hörsälen begegnen sich sehr unterschiedliche Menschen, die sonst kaum miteinander ins Gespräch kommen würden:

die studierte Kopftuchträgerin und der besorgte Kleingärtner, aufgebrachte Intellektuelle, ehrenamtliche Flüchtlingshelfer, pensionierte Oberstudiendirektoren, Hochschul- und Grundschullehrerinnen, Studentinnen, Theatermacher, schwule Väter, Männer und Frauen der unterschiedlichsten Alterskohorten mit und ohne Migrationshintergrund. Ich habe bei einigen dieser Veranstaltungen mitdiskutiert und Perspektiven der Diakonie in die Debatten eingebracht. Immer geht es um Fragen der Zugehörigkeit, um Integration, um soziales Miteinander, darum, in welchem Land wir leben wollen. Immer ist es kontrovers, aber auch konstruktiv – und noch nicht zwangsläufig konkret. Es geht erst einmal um das Kennenlernen der anderen Positionen, weniger um konkrete Verabredungen. Es ist zunächst nur ein Anfang, aber ein Anfang, der viel zu selten gemacht wird.

## »Lass dir öfter sagen, was du nicht hören willst.«

Über die Jahre ist das Netzwerk »Offene Gesellschaft« sehr gewachsen. Die Idee – neben dem medialen und sozialmedialen Rauschen des Ressentiments –, erfahrbar werden zu lassen, dass es eine Mehrheit gibt, die daran interessiert ist, hassfreie Antworten auf die Frage zu finden, in was für einem Land, in welchem Europa wir leben wollen, hat gezündet. Unsere Demokratie braucht eine starke Zivilgesellschaft, überall im Land. Darum unterstütze ich »Die Offene Gesellschaft« nach wie vor, und trotzdem stelle ich inzwischen auch Fragen. Wen erreichen wir mit unseren Aktionen und Veranstaltungen tatsächlich? Wen erreichen wir nicht? Wessen Stimme wird gehört? Was ist mit den Unerhörten? Und vor allem: Was beschäftigt, was hindert diese anderen, die nicht zu »unseren« Debatten und Tafelaktionen[36] kommen? Bleiben wir nicht unter uns in einem zwar schon recht vielfältigen, aber gleichzeitig recht homogenen und recht akademischen Milieu? Wen integriert die Offene Gesellschaft, und wer möchte lieber »draußen« bleiben? Wohin verschwinden die unerhörten Menschen, die ihr Vertrauen in die Politik, aber auch die Gewerkschaften oder die Kirchen verloren haben, die sich aus dem demokratischen Diskurs verabschieden, die den Protest wählen oder gar nicht mehr wählen gehen?

Waren auch mir Pegida und Co zunächst ausschließlich suspekt und zuwider, habe ich heute den Eindruck, mit meinem Urteil zu schnell und zu pauschal gewesen zu sein. Natürlich wende ich mich gegen Rechtsextremismus und Fremdenhass, aber ich meine auch, dass der schon zitierte Frank Richter[37] recht hat. Der Theologe, 1989 Mitbegründer der »Dresdener 20«, bis 2017 Leiter der Landeszentrale für politische Bildung in Sachsen und jetzt Geschäftsführer der Stiftung Frauenkirche, sagt: Es sei so etwas wie eine »optische Täuschung«[38], Pegida, AfD und Co als ein ausschließlich rechtsextremes Phänomen abzutun. Ihre Erfolge seien vielmehr auch als ein Symptom einer tiefer liegenden gesellschaftlichen Krise (oder Kräfteverschiebung) zu lesen und zu begreifen. Natürlich geht es ihm (und mir) nicht darum, diese Erfolge zu verharmlosen. Es gibt gefährliche Hetzerinnen und Hetzer in unserem Land. Aber wird man der Mehrheit der AfD-Fans gerecht, wenn man sie allein mit den Kategorien rechts oder rechts außen belegt?[39] Nein. Welzer spricht in diesem Zusammenhang sehr pointiert von »Neurechten und Menschenfeinden«, von den »Zeitreisenden nach Gestern«[40]. Mit ihm bin ich überzeugt, solche Menschen gibt es. Und trotzdem möchte ich mich davor hüten, auf eine linksliberal-kosmopolitische Weise engstirnig zu werden.

Auch die Offene Gesellschaft leidet an einer Art Wahlverwandtschaftsproblem, an einer Milieuverengung, die ich – anders ausgeprägt, aber doch ähnlich – bereits aus vielen bürgerlich dominierten Kirchengemeinden nur zu gut kenne. Nur wer den »Stallgeruch« schon hat, gehört dazu. Wenn ich mir die Debatten der »Offenen Gesellschaft« in Erinnerung rufe, an denen ich mit Lust teilgenommen habe, muss ich eingestehen, dass zu viele Stimmen nicht vorkommen. Mir fehlen Menschen, die mit einem (erkennbaren) Handicap leben; Männer und Frauen, wie ich sie bei der Tagung der Nationalen Armutskonferenz getroffenen habe oder bei meinen Besuchen diakonischer Stadtteil-Projekte in sozial schwierigen Vierteln wie Bremen-Lüssum, Kiel-Gaarden oder Halle-Neustadt, in Chemnitz, Hamm oder auf dem platten Land um Papenburg. Es fehlen Leute, die sich selbstbewusst als Altenpflegehelferin vorstellen, als Kassiererin an der Supermarktkasse oder als Mitarbeiter bei der Wohnungslosenhilfe. Es gibt keine (oder zu wenig) meinungsfreudige Taxifahrer oder eloquente Putzfrauen bei diesen Diskussionsveranstaltungen, es fehlen – mindestens genauso auffällig – auch besorgte Unternehmensberaterinnen, Mittelständler oder Banker.

Niemand outete sich bei den Debatten als auf Zuverdienst angewiesene Rentnerin auf Wohnungssuche, und natürlich keiner als Pegida-Spaziergänger. Andernorts habe ich schon mehrfach mit AfD-Sympathisanten diskutiert, nicht aber in der Town Hall der »Offenen Gesellschaft«. Und die insulären Erfahrungen in der »Offenen Gesellschaft« lassen sich verallgemeinern. Zu viele Milieus und Biografien kommen heute bei politischen Debatten nicht zu Wort oder erleben sich als unerhört. Woran liegt das? Und war das bei solchen Debatten wirklich immer so?

Selbst wenn ich mit Welzer[41] überzeugt davon bin, dass es in Deutschland tatsächlich Kräfte gibt, die mit dem Thema Flüchtlinge ihr antidemokratisches Süppchen kochen, halte ich es für zu kurz gegriffen, jeden, der mit dem Begriff offene Gesellschaft wenig anfangen kann, als Neurechten oder Menschenfeind zu stigmatisieren – und so noch einmal auszuschließen. Es macht wenig Sinn, das Gespräch zu suchen, wenn die Andersdenkenden nicht nur in ihrer Meinung, sondern auch als Menschen abgelehnt werden und kein Austausch mehr möglich ist. In einer offenen Gesellschaft müssen sich Vielfalt und Zusammenhalt realisieren. Der Streit um Gesinnung ist wichtig, aber er darf nicht dazu führen, dass die tatsächlichen sozialen Verwerfungen in unsrem Land nicht zur Sprache kommen. Integration ist nicht nur ein Thema für Menschen mit Migrationshintergrund. Gelungene Integration bedeutet auch, eine Zukunft zu sehen – für sich, die Seinen und auch für die, die man nicht unbedingt liebt. In diesem Sinne sind viel zu viele Menschen in unserer

Gesellschaft nicht integriert. Wir stehen im demokratischen Deutschland vor der Herausforderung der Integration von immer unterschiedlicher werdenden 80 Millionen Menschen in ein neues gesellschaftliches Wir. Und das Gefühl von Zugehörigkeit scheint sich auch unter Alteingesessenen in Moers[42] oder Paderborn, in Dresden und Gera[43] zu verflüchtigen. Der Zusammenhalt bröckelt nicht nur, er zerbricht und geht verloren.

Was wir dagegen tun können? Wir müssen das gemeinsam herausfinden. Es gibt bereits Beispiele, die Hoffnung machen, im zweiten Teil des Buches komme ich darauf zurück.

Ohne besseres Zuhören wird es jedenfalls nicht gelingen. Das Motto auf den Bierdeckeln für die Kneipengespräche[44] der »Offenen Gesellschaft« weist die Richtung: »Lass dir öfter sagen, was du nicht hören willst.« Diese demokratische Zumutung gilt uns allen, denn eine offene Gesellschaft, die das Versprechen auf Zukunft nur für bestimmte Milieus einlöst, ist – schneller, als uns lieb sein kann – keine offene Gesellschaft mehr.

## Entwertet in Deutschland

Mir hat die Lektüre von Andreas Reckwitz' »Die Gesellschaft der Singularitäten. Zum Strukturwandel der Moderne«[45] geholfen, noch besser zu verstehen, in welchen tief gehenden kulturellen Umbrüchen sich unsere unerhörte Gesellschaft befindet. Der in Frankfurt/Oder lehrende Soziologe stellt Phänomene wie Pegida und »Die Offene Gesellschaft«, Prenzlauerberg-Chic und »Deutschland sucht den Superstar«, die Architektur der Elb-Philharmonie und die Macht der Hipster, aber auch die Entsolidarisierungen des Neoliberalismus oder die Aggressivität in den Sozialen Medien in einen aufschlussreichen Kontext. Mein Unbehagen angesichts einer »geschlossenen offenen Gesellschaft« und der vielen Unerhörten, der Segmentierungs- und Entfremdungsprozesse, der sich erhitzenden Empörungsdebatten, hat durch die Lektüre diese Buches eine andere Sprachfähigkeit gewonnen. Reckwitz' unaufgeregte Sicht ermöglicht im gesellschaftlichen »Wimmelbild« eine Systematik zu entdecken, die bei der Suche nach Wegen zu einem besseren Miteinander helfen kann. Er löst das Denken in hilfreicher Weise aus ideologischen Zuschreibungen oder moralischen Vorverurteilungen, die sich gern in gegenseitigen Beschimpfungen erschöpfen. Seine Analyse fördert Versachlichung und zeigt einen Weg, über weltanschauliche Verwerfungen hinweg ins Gespräch zu kommen. Mir hat das geholfen, meine diakonische Perspektive in einen größeren Zusammenhang zu stellen, was hoffentlich dabei hilft, mit Menschen ins Gespräch zu kommen, denen Diakonie erst einmal fremd ist.

Reckwitz' Schlüsselbegriff klingt zunächst künstlich, er lautet »Singularität«. Singularität steht bei ihm für den Wert des Besonderen, des Einzigartigen, der in den vergangenen dreißig Jahren zentral geworden ist und der die Kultur der Spätmoderne tief geprägt hat. Im Gegensatz zum verlierenden Wert des Standardisierten und Gleichartigen als Gelingensbedingung der industrialisierten Gesellschaft gilt: »Wohin wir auch schauen in der Gesellschaft der Gegenwart: Was immer mehr erwartet wird, ist nicht das Allgemeine, sondern das Besondere. Nicht an das Standardisierte und Regulierte heften sich die Hoffnungen, das Interesse und die Anstrengungen von Institutionen und Individuen, sondern an das Einzigartige und Singuläre.«[46] Reckwitz zeigt in diesem Zusammenhang, wie sich seit den Achtzigerjahren die Tektonik unserer Gesellschaft verschoben hat. Der Fall des Eisernen Vorhangs mit all seinen Folgen ist wie die Globalisierungs- und Digitalisierungsprozesse mit einem tiefgreifenden Wandel der gesellschaftlichen Logik verschränkt: Die Logik des Allgemeinen der Industriegesellschaft und der Moderne wird zunehmend durch die soziale Logik des Besonderen der Spätmoderne überlagert.[47] Diese Entwicklung hat Folgen auch für den gesellschaftlichen Zusammenhalt. Denn im Laufe dieser Entwicklung ist – so Reckwitz – eine neue kulturelle Klassengesellschaft mit neuen kulturellen Konflikten entstanden. Der sogenannte »Kulturkapitalismus«[48] polarisiert die Gesellschaft diffiziler, bringt andere Gewinner und Verlierer als in der Vergangenheit hervor und generiert neue Konflikte, die allein ökonomisch nur unzureichend beschrieben sind: »Wir haben es in der Spätmoderne (wieder) mit einer Klassengesellschaft zu tun. Diese existiert jedoch nicht nur im engen materiellen Sinne, vielmehr handelt es sich auch und gerade um kulturelle Klassen: Neben den ungleich verteilten materiellen Ressourcen (Einkommen und Vermögen) unterscheiden sich die Klassen hinsichtlich ihrer Lebensstile – und ihres kulturellen Kapitals – grundsätzlich voneinander.«[49] Reckwitz unterscheidet zwischen drei Klassen, die jeweils etwa ein Drittel der Gesellschaft ausmachen: Die neue Mittelklasse (Hochqualifizierte Akademikerklasse), die alte Mittelklasse (Nichtakademiker) und die neue Unterklasse; gerahmt werden sie von je einer kleinen Gruppe von Superreichen und sehr Armen. Auch diese letztgenannten Gruppen sind den kulturkapitalistischen Werten unterworfen, wollen und müssen zugleich auf ihre Weise singulär, besonders und deswegen wertvoll sein.

Als gravierende Begleiterscheinung dieser Entwicklung zu diesen neuen Klassen erodiert die klassische »Mitte« der 1950er- bis 1970er-Jahre in den westlichen Gesellschaften. Diese »Mitte«, um die sich über einen langen Zeitraum »mehr als neunzig Prozent der Bevölkerung versammelten, war auch der kulturelle Ausdruck eines Lebensstils mit dem Selbstbewusstsein, ›Mitte und Maß‹ zu markieren: das Normalarbeitsverhältnis, die Normalfamilie, der ›normale‹, angemessene Konsum etc.«[50]. Die neue Unterklasse beschreibt Reckwitz als »eine durchaus heterogene Gruppe von einfachen Dienstleistern, semiqualifizierten Industrieberufen, prekär Beschäftigten, Arbeitslosen und Sozialhilfeempfängern (also auch von sozial Exkludierten im strikten Sinne), die gegenwärtig ebenfalls etwa bis zu einem Drittel der westlichen Bevölkerung ausmachen.«[51] Die heutigen Konflikte lassen sich als Folge dieser Entwicklung also nicht mehr allein in den überkommenen politischen Kategorien (rechts – links) fassen, »die spätmoderne Polarisierung der Lebensverhältnisse betrifft materielle und kulturelle Faktoren zugleich«[52]. Reckwitz pointiert: »Die Polarisierung auf der Ebene von Bildung und kulturellem

Kapital ist das zentrale Merkmal, welches die Sozialstruktur der spätmodernen Gesellschaft prägt.«[53] Und wenn es entscheidend für den »Erfolg« oder »Misserfolg« einer Biografie wird, das eigene Leben als »etwas Besonderes« zu gestalten, verliert die Normalbiografie jedes Durchschnittsbürgers erst recht dramatisch an Wert.[54]

Macht besitzt nach diesem Modell, wer die Kultur und die öffentlichen Diskurse prägt: »Kultur prägend« zu sein, meint, Güter, Lebensstile, Menschen, Orte und Kollektive als »wertvoll« oder »wertlos« bezeichnen zu können. Die neue »herrschende Klasse« nennt Reckwitz »akademische Mittelschicht«[55], sie muss nicht unbedingt wohlhabend oder im Besitz von »Produktionsmitteln« sein, es gibt unter den kulturell Mächtigen auch solche, die in prekären Lebensumständen leben, sich zum Beispiel von Projekt zu Projekt hangeln und die Erfahrung wirtschaftlicher Sicherheit nie machen. Die »Herrschaft« dieser urban geprägten, international mobilen Klasse dominiert weniger die Finanz- und andere Märkte als vielmehr die öffentlichen Diskurse in Medien, Marketing, Kulturbetrieb und Politik. So nimmt sie großen Einfluss auf Prozesse, in denen beschrieben und festgelegt wird, was in der Gesellschaft als wertvoll und was als wertlos angesehen wird. Diese »Valorisierungen« sind das unhinterfragte »Gesetz« der Spätmoderne: Nur, was als einzigartig, singulär wahrgenommen wird, besitzt heute Wert. Paradox ist nun, dass diese Wert-Zuschreibung des Besonderen allerdings ein Massenphänomen geworden ist, das gleichermaßen für Subjekte, Objekte, für Räume und Zeit sowie für Kollektive gilt.[56]

Diese Entwicklung hat vielfältige Folgen für die Gesellschaft und zeitigt Auswirkungen auf alle Lebensbereiche, von der Berufswahl bis zum Einrichtungsstil, von der Partnerwahl bis zum Städtebau: »Besonders deutlich in den Städten werden die gemischten Wohnviertel der Mittelstandsgesellschaft von der räumlichen Segregation zwischen den »attraktiven Vierteln« der Akademiker und den »schwierigen Vierteln« der Unterklasse abgelöst. Vergleichbares gilt für die räumliche Polarisierung zwischen den Boom-Regionen und den ›abgehängten‹ Regionen.«[57] Die Bruchlinien, die den Zusammenhalt der Gesellschaft gefährden, verlaufen an den Grenzen zwischen diesen neuen Klassen, zwischen Stadtvierteln und ganzen Regionen.

Burnout und Depressionen mit allen Folgen versteht Reckwitz als hohen Preis, den Individuen und Gesellschaften unter Einzigartigkeitsdruck für ihre Besonderheit immer häufiger zahlen. Es ist sehr anstrengend, immer und in allen Lebensbereichen besonders zu sein.

Aber auch für das Lebensgefühl des berühmten »kleinen Mannes«, den alten Helden der Sozialdemokratie, hat der Prozess der Valorisierung gravierende Folgen: Die Lebensentwürfe, Lebensleistungen und Normalbiografien, die bis in die Achtzigerjahre hinein noch ein breites gesellschaftliches Ansehen genossen und entsprechende politische Aufmerksamkeit erfuhren, erfahren bereits seit Jahrzehnten Entwertungen. Von der Begegnung mit den ehemaligen Bergleuten in Moers-Mattheck werde ich noch erzählen.[58] Auch unter ihnen waren Wut und Enttäuschung über das Nichtgesehenwerden und die damit verbundene Entwertungserfahrung sehr präsent. Sie begegnet mir immer wieder – bei Vor-Ort-Besuchen im Ruhrgebiet genauso wie in Dresden: »Der vorgeblich normale Lebensstil des Mittelstandes ist nun nicht mehr allgemeingültig, er ist nicht mehr *Mitte und Maß*, sondern lediglich *Mittelmaß*, wenn auf der einen Seite der singularistische Lebensstil der Akademikerklasse floriert und auf der anderen Seite die neue Unterklasse der gesellschaftlich ›Abgehängten‹ droht.«[59]

Und Abwertung erzeugt Wut. Ich erinnere mich bis heute an meine Wut auf den Musiklehrer an meinem Gymnasium, der mich als einen der wenigen Nicht-Notenkundigen vor einer Schulklasse mit vielen seit Kindertagen Geige und Klavier Spielenden zum Vorsingen aufforderte. Ich sollte »vom Blatt singen«, obwohl er wusste, dass ich damals noch keine Noten lesen konnte. Angela Merkel lässt niemanden, der keine Noten lesen kann, vor der Klasse vom Blatt singen. Sie stellt die Menschen im Lande nicht bloß. Im Gegenteil, sie begegnet Menschen bei öffentlichen Auftritten und Gesprächen ausgesprochen wertschätzend und offen. Aber sie ist zur öffentlichen Zielscheibe der Wut vieler geworden, die sich in unserem Land aus unterschiedlichen Gründen abgehängt und abgewertet fühlen.

Reckwitz' Analyse korrespondiert mit meinen Beobachtungen unter den Menschen, die ich als »Unerhörte« begreife, und ich kann mit ihr meine Begegnungen und Gespräche anders verstehen. Seine Ausführungen ermöglichen einen differenzierteren Blick, nicht zuletzt auf die Menschenmassen bei Pegida oder die Wahlerfolge der AfD: Die Empörung, die aggressive Ablehnung des »Establishments« lässt sich so auch als Reaktion auf vielfältige jahre-, ja, jahrzehntelange »Entwertungserfahrungen« lesen. Wenn es als Makel gilt, »nicht besonders« zu sein, wird »normal« zu einem Schimpfwort. Und das hat Folgen, nicht zuletzt für das Selbstwertgefühl und den Stolz der 30 Prozent der Frauen und Männer in der Bevölkerung, die zur »Nichtakademischen Mittelklasse« gehören.

Diese Folgen sind gravierend, die Risse, die unsere Gesellschaft spalten, gehen tief. Die gegenseitige Abneigung der neuen »Klassen«, die Unfähigkeit, ein Gespräch auf Augenhöhe zu beginnen, scheinen kaum überbrückbar. Folge ich der Analyse Reckwitz', kann ich das »Protestwählen« genauso wie das Nichtwählen auch als eine Art Gegenwehr, als Ausdruck eines grundlegenden kulturellen Klassenkampfs verstehen. Mit den überkommenen Kategorien »rechts« und »links«, »Ost«, »West«, »abgehängt« und »etabliert« bekommt man ihn keineswegs hinreichend gegriffen. Schon gar nicht lässt er sich mit einfachen Mitteln, etwa durch die Wahl der gleichen populistischen Waffen nur eben für die vermeintlich gute Sache im politischen Schnellverfahren befrieden.[60] Viele AfD-Wählerinnen und mancher Pegida-Aktivist sind nicht nur als Ergebnis einer in der Tiefe nie nachvollzogenen Wiedervereinigung[61], sondern auch als Ergebnis eines schleichenden, subtil verlaufenden und nicht gesteuerten »Entwertungs-Konflikts« zu verstehen, der zu lange nicht wahrgenommen wurde und derzeit eskaliert. Dieser Konflikt stellt eine echte Herausforderung dar und ist wesentlich bei der Frage nach dem Verlieren und dem Finden dieses Zusammenhalts.

## Wer gehört dazu?

Wer nicht den Ton angibt, wer also nicht besonders ist, der ist nach dieser Logik im besten Fall »Mittelmaß«[62]. Die Prozesse der Digitalisierung, Globalisierung, der demografische Wandel, die Migration, die rasante gesellschaftliche Veränderung entwerten die Lebens- und Berufserfahrung zu vieler. Auch die dramatischen Nebenwirkungen der Wiedervereinigung entwerteten Biografien. Diese Entwicklungen setzen die Menschen unter einen hohen Anpassungs- und Leistungsdruck, dem sich viele durch Tabubruch widersetzen. Die neue »Klassengesellschaft« unterscheidet zwischen denen, die elegant auf den Wellen dieses Wandels »surfen« können, und denen, die das nicht schaffen, sondern Angst vor dem Ertrinken haben. Die sozialen Medien verschärfen diese Differenzen noch, weil es zu offenen und öffentlichen, milieuübergreifenden Auseinandersetzungen kaum mehr kommt.[63] Gleichgesinnte und Gleichgestimmte bleiben heute auch in digitalen Kommunikationsblasen und sozialen Medien weitgehend unter sich und bestätigen sich in ihren Gewinner- und Verliererperspektiven gegenseitig.

Die Gruppen, die am Mehrwert und den Freiheitsgewinnen der globalisierten und digitalisierten Welt keinen Anteil haben und haben werden, wachsen. Es sind die sogenannten

»Bildungsverlierer«, Männer und Frauen, denen für die notwendigen Diskurse die Gesprächsfähigkeit, für die Digitalisierung die Qualifizierung fehlen und die so dauerhaft ausgeschlossen bleiben. Ihr Gefühl und ihre Erfahrung, nicht vor- und mitzukommen, verfestigt sich. Wer spricht für sie? Wer spricht mit ihnen? Wer hört ihnen zu?

Das gesellschaftliche Wimmelbild wird dank der reckwitzschen Analyse nicht übersichtlicher, aber es gewinnt für mich an Struktur: Auch in anderen Zusammenhängen wird zunehmend wahrgenommen, wie sich die vertrauten Konfliktlinien in den westlichen Gesellschaften verschieben: »Der Konflikt zwischen dem Globalen, lebensweltlich Pluralen, Kosmopolitischen auf der einen Seite und dem Nationalen, Begrenzten, Gemeinschaftsorientierten verläuft quer durch die Parteien. Dieser Konflikt überlagert den gewohnten, weitgehend irritationsfreien Links-rechts-Verteilungskonflikt und sprengt die gewohnte Lagerlogik.«[64] Neben den sieben Parteien, die sich »recht mühelos auf der Links-rechts-Skala abtragen lassen (, stehen) zwei unsichtbare Parteien mit wachsender Wirkmacht: die Globalpartei und die Nationalpartei.«[65] Und auch im Hintergrund dieser Entwicklung kann man den reckwitzschen Kulturkapitalismus erkennen: als national gefärbten Widerspruch der »Entwerteten« gegen die herrschende kosmopolitische Akademikerklasse.

Frank Richter erkennt eine besondere Spielart dieser Spaltungsprozesse in den neuen Bundesländern, wo »die allermeisten Ostdeutschen … in der Regel ›zweite Sieger‹ blieben oder als Verlierer vom Platz gingen. Um die eintretende Enttäuschung und Frustration aufzufangen, bot sich schnell und nachhaltig ein zweiter Orientierungs-, Anerkennungs- und Wertschätzungsspender an: der Nationalismus. Wer keinen wirtschaftlichen Erfolg verbuchen und kein soziales Ansehen erwerben oder erwarten konnte, wurde empfänglich für die Botschaft: Du bist wichtig und du darfst stolz sein, weil du ein Deutscher bist. Vereinfacht und verallgemeinernd gesagt: Nachdem der sozialistische Osten verloren und der kapitalistische Westen gesiegt hatte, nachdem viele Ostdeutsche dem Westen naiv vertraut hatten und erneut enttäuscht wurden, blieb ihnen der Rückgriff auf eine Ordnung jenseits des Sozialismus und des Kapitalismus: den Nationalismus.«[66]

Auch eine Studie der Bertelsmann Stiftung zur Bundestagswahl 2017[67] zeigt eine Spaltung der Gesellschaft, in der sich Modernisierungsbefürworter und -skeptiker gegenüberstehen: die Mehrheit der Wählerinnen und Wähler der Grünen, Linke, FDP, SPD und CDU/CSU lassen sich dieser Studie zufolge den Modernisierungsbefürwortern zuordnen, während etwa zwei Drittel der AfD-Wähler aus Milieus kommen, die der Modernisierung skeptisch gegenüberstehen. Die Konfliktlinien verlaufen quer durch die »alten« Parteien, die in ihren Reihen Menschen versammeln, die Modernisierung begrüßen oder bedrohlich finden, die kosmopolitisch leben oder in ihrer Nation eine Heimat finden. Was ist heute konservativ, was progressiv, was radikal? Der Ton der Debatten über diese Frage verschärft sich nicht ohne Grund. Und viel von der Feindseligkeit, der gegenseitigen Verachtung wurzelt in Ängsten vor materiellem *und* ideellem Besitzstandsverlust, in der Angst davor abzurutschen, nicht mithalten zu können, verloren zu gehen. In der Angst, Privilegien dauerhaft zu verlieren, Gewohntes aufgeben zu müssen. Oder in der konservativen Spielart dieser Angst davor, erkennen zu müssen, dass auch ein konservatives »Weiter so« keine Option ist. Sehr viele haben Angst. Das ist eine bedrückende und verunsichernde Ausgangslage, auf die man mit dem Verweis auf die hervorragenden Wirtschaftsdaten im Land oder mit statistischen Durchschnittswerten nicht angemessen antwortet. »Wir sollten akzeptieren, dass es tatsächlich Gründe gibt, sich vor der Zukunft zu fürchten. Politiker und auch viele Journalisten verschleiern Ängste allerdings oder spielen sie herunter.«[68] Das wird dem Lebensgefühl der Menschen nicht gerecht.

# Gebrochene Versprechen: Von Liebe und blühenden Landschaften

## Karl-Marx-Stadt wurde Chemnitz, Düsseldorf blieb Düsseldorf oder Wohlstand für alle?

Ich fahre viel mit dem Öffentlichen Personennahverkehr. Es ist ein lästiger Segen, dass wir als Vorstand des Evangelischen Werkes für Diakonie und Entwicklung auch aus ökologischen Gründen auf Dienstwagen verzichtet haben. So habe ich es oft nicht nur mit einem vollen Terminkalender, sondern auch mit vollen Zügen und Bussen, Verspätungen und jeder Menge Menschen zu tun. Auf Fernreisen in der Deutschen Bahn genieße ich zwar das Privileg der Ersten Klasse, aber im ÖPNV reise ich wie Millionen anderer Männer und Frauen, die tagtäglich mit Bus, U-Bahn und Tram unterwegs sind: Manchmal fällt der Bus aus, manchmal kennt man sich nicht aus, ständig kreuzen oder durchkreuzen die Probleme anderer die eigenen Pläne. Ich bin davon überzeugt: Wer mit Bus und Bahn fährt, gerät weniger leicht in Versuchung, den eigenen Lebensstil oder die eigene Sicht auf die Welt für die einzig Mögliche zu halten. In jedem Fall sehe ich in der Berliner U-Bahn mehr vom vielfältigen Alltag unseres Landes, als vom Fahrersitz meines Autos oder vom Rücksitz einer Dienstlimousine möglich wäre. Und weil ich eben in Berlin lebe und arbeite und nicht mehr in Düsseldorf, sind auch die Ost-West-Themen präsenter.

Wenn ich die schnell vorbeiziehenden U- und S-Bahneindrücke in Berlin wirklich wahrnehme, merke ich, dass das Aufstiegsversprechen der Sozialen Marktwirtschaft längst nicht mehr für alle gehalten werden kann. Je nachdem, mit welcher Linie ich unterwegs bin, fahre ich durch unterschiedliche Welten, in denen immer andere Menschen und Milieus zu Hause sind. Sichtbarer Wohlstand und erkennbare Armut rücken nah durch die Fensterscheiben der S-Bahn, in wenigen Minuten durchkreuze ich eng benachbarte und doch weit voneinander entfernte Lebensrealitäten. Eine Fahrt reicht, um zu sehen, wie sozial ungleich eine Stadt wie Berlin ist. Und wie ungleich Deutschland ist, immer noch – oder sogar mehr denn je.

Im Wirtschaftswunderland des Westens haben das erhardsche Aufstiegs- und Wohlstandsversprechen für alle Bürgerinnen und Bürger[69] seit den Fünfzigerjahren genauso wie die Bildungsoffensive der sozialliberalen Koalition unter Willy Brandt (SPD) in den Siebzigerjahren über viele Jahrzehnte dazu beigetragen, das Vertrauen in die noch junge Demokratie zu festigen. Die D-Mark, der Pfennig und bessere Bildungsabschlüsse bildeten die Währung dieses Aufstiegsversprechens. Entsprechend setzten auch im Osten viele Menschen – nach dem Mauerfall am 9. November 1989 und den Feiern zur Wiedervereinigung am 3. Oktober 1990 – ihre Hoffnungen auf die ökonomische Verheißung: Wohlstand für alle. Die »blühenden Landschaften«, die Helmut Kohl 1990 für die »neuen Länder« vor Augen hatte und die 1998 von der CDU/CSU noch mal ins Zentrum des Bundestagswahlkampfs gerückt wurden, waren eine blumige zweite

Auflage des alten bundesrepublikanischen Wohlstands- und Aufstiegsversprechens. Wurde dieses Versprechen gebrochen? Ich meine: ja und nein. Jedenfalls hielt es für zu viele nicht, was sich die Menschen von ihm versprachen: Glück, Zufriedenheit, Wohlstand wie im Geburtstagslied? Gleichzeitig sind die blühenden Landschaften im Osten keinesfalls ausgeblieben, aber eben doch sehr ungleich verteilt. In den Jahrzehnten nach dem Mauerfall entstanden zwischen Altmark und Vogtland, Oberlausitz und Harz völlig neue Industriegebiete, veränderte Stadt-, Natur- und Kulturlandschaften. Marode Innenstädte verwandelten sich in pittoreske Schmuckstücke, Straßen- und Bahnlinien wurden gebaut, Mondlandschaften des Tagebaus veränderten sich zu Naherholungsgebieten. Die Geschäfte bieten jederzeit Konsum- und Luxusgüter in Masse – in Görlitz und Rostock genauso wie in Saarbrücken und Flensburg. Anstehen war gestern, das Angebot ist überreich. Nur nutzen können diesen Überfluss längst nicht alle. Die Fassaden sind schöner; doch für die Bewohner hinter den Fassaden sieht es oft ganz anders aus.

1989, als zusammenwuchs, was laut Willy Brandt zusammengehört, war ich 32 Jahre alt. Ich verfolgte damals aus dem fernen Saarland, wo ich nahe der französischen Grenze meine ersten Berufserfahrungen als junger Pfarrer sammelte, gebannt im Fernsehen, was da in Berlin, Dresden und Leipzig geschah. Meine eigene Berufsbiografie blieb damals allerdings von den Umbrüchen im Osten weitgehend unberührt. Ich wechselte auf eine Pfarrstelle nach Düsseldorf, heiratete meine Frau Kirsten und wir bekamen unsere ersten beiden Kinder, Zwillinge. Unser Leben ging einfach so glücklich weiter.

Ein dahin gesagter Satz, der gerade deshalb ausdrückt, was Ost- und Westfamiliengeschichten bis heute dramatisch voneinander unterscheidet. Karl-Marx-Stadt wurde Chemnitz, Düsseldorf blieb Düsseldorf. 40 Jahre DDR wurden mal eben abgewickelt. Treuhand und Goldgräberstimmung, Freiheitsgewinn und Arbeitslosigkeit, Massenabwanderung gen Westen (besonders der gut Qualifizierten) und Erfahrungsentwertung waren nur einige der Folgen. Gehälter und Renten mussten angepasst werden, wurden es aber nur bedingt; bis heute verdient ein Mitarbeiter bei Opel in Rüsselsheim am Band mehr als sein Kollege in Eisenach (was gut allein für Opel ist).

Gesetze verloren ihre Gültigkeit, andere traten dafür in Kraft, Gewohnheiten, Alltäglichkeiten – alles dahin. Sogar das Brot schmeckte plötzlich anders und das Geld gewann an Bedeutung. Ob die Treuhandanstalt, die die Volkseigenen Betriebe der DDR nach Grundsätzen der Sozialen Marktwirtschaft zu privatisieren und die Effizienz und Wettbewerbsfähigkeit der Unternehmen zu sichern hatte, wirklich ihren Namen verdiente, wurde bald von vielen bezweifelt. Die alte Bundesrepublik regulierte das Leben in den neuen Ländern vom Kabinett bis in die Kleingärten hinein. Das Bundeskleingartengesetz machte auch vor den Badebecken der Datschenbesitzer nicht halt – wie viel Ärger steckt allein in diesem Detail Wiedervereinigung? Der Umbruch war verheißungsvoll und verstörend zugleich. Auf dem Boden des Grundgesetzes, eine der besten Verfassungen der Welt, implodierte eine ganze Gesellschaft. 16,4 Millionen Biografien im Umbruch. Die Wahlen sind frei, die Presse ist frei, die

Meinung ist frei, die Grenzen sind offen, alle haben denselben Pass, jeder darf reisen, wohin er oder sie möchte: Wir sind ein Volk. Das ist großartig. Gleichzeitig gilt: Während im Osten die alte Welt unterging, veränderte sich im Westen für viele der Alltag kaum. Die erweiterte Wetterkarte in den Fernsehnachrichten. Der Solidaritätszuschlag. Das war's. Im Osten befreiten sich währenddessen manche Menschen, andere zerbrachen, viele erfanden sich neu, viele scheiterten, in anderen kocht die Wut und viele sind einfach nur sehr, sehr müde geworden.

Bei der Bundestagswahl 1990 wurde die Regierung Kohl triumphal bestätigt. Ja, ungezählte »Wessis« engagierten sich aus den unterschiedlichsten Motivlagen im Osten, doch Familie Mustermann-West hatte nicht mit den gleichen gesellschaftlichen Erschütterungen zu tun wie Familie Mustermann-Ost. Sie war eher im Beobachterstatus und sogar das konnte sie sich noch aussuchen. Manche beobachteten kopfschüttelnd, manche besserwisserisch. »Besserwessi« war das Wort des Jahres 1991. Im selben Jahr wählt die Gesellschaft für Deutsche Sprache nach den fremdenfeindlichen Übergriffen in Hoyerswerda erstmals ein Unwort des Jahres: »ausländerfrei«. Die Bonner mussten sich damit abfinden, dass Berlin der Sitz der Bundesregierung und des Bundestages werden sollte – auch das war einschneidend, aber im Vergleich? Frank Richter schreibt dazu: »als die DDR 1990 unterging, als sich auch die zweite Ideologie (*nach dem Nationalsozialismus*, Anm. d. Autors) als erfolglos erwiesen hatte und sich mit diesem Staat verabschiedete, der vor grade mal vierzig Jahren wie Phönix aus der Asche entstanden war und die Erfüllung aller menschlicher Sehnsüchte versprochen hatte, entschlossen sich viele, von nun an erst mal gar nicht mehr zu glauben. Für viele Menschen blieb nur noch ein einziger Orientierungspunkt übrig, nur noch ein einziger Fixstern, auf den sie sich verlassen konnten: sie selbst. Andere übertrugen ihre Staatsgläubigkeit schnell und gern auf den neuen Staat, der nun vom Westen her hereinbrach. Sie nahmen seine Währung, die D-Mark, dankbar und fromm entgegen wie Manna vom Himmel. Sie mussten ein weiteres Mal enttäuscht werden.«[70]

Knapp dreißig Jahre später gibt es tatsächlich neue Gemeinsamkeiten: die Enttäuschung. Sie ist zu einer gesamtdeutschen Realität geworden, trotz beeindruckender Konjunkturdaten. Auch im Westen haben viele inzwischen die Hoffnung verloren oder sie sogar aufgegeben, dass es ihre Kinder einmal besser haben werden. Das hat viele Gründe: die negativen Folgen der Globalisierung, die rasanten Veränderungen der Welt durch die Digitalisierung, die zu viele immer noch nur mit Internet, sozialen Medien und der Spielekonsole verbinden; der Klimawandel, das Beben der politischen Strukturen – Ukrainekrise, Brexit, Atomabkommen mit dem Iran, die alten und neuen Despoten und ihre Kriege. Die Folgen dieser Veränderungen rücken uns mit den Flüchtlingen näher, näher, als vielen lieb ist. Und über all dem schwebt die Frage: Hält der Frieden?

In dieser Situation überträgt sich das persönliche Gefühl, kaum Einfluss auf diese Fragen und auf »die da oben« nehmen zu können, auf die Gesellschaftsform als Ganze und stellt sie infrage: Ist der Demokratie, wie wir sie kennen, den Parteien, die sie in den vergangenen Jahrzehnten geprägt haben, noch zu trauen? Kann man der Garantie von Teilhabe und den Versprechen von nachhaltigem Wohlstand für alle Bürgerinnen und Bürger und dem friedlichen Zusammenleben noch Glauben schenken? Das fragen sich viele Menschen. Nicht nur die berühmten Berliner Taxifahrer, mit denen ich gerne rede, oder der junge türkischstämmige Friseur im perfekten Hipsterlook, der mich neulich beim Haareschneiden im besten Berliner Dialekt zu überzeugen versuchte, dass Deutschland jetzt dringend »einen guten König« bräuchte.

## Armes reiches Land

Die beschriebenen Zweifel reichen bis tief in die Milieus des Mittelstandes und es gibt Gründe für diese Zweifel: soziale Ungleichheit, Langzeitarbeitslosigkeit, Wohnungsnot, Wohnungslosigkeit, ein unsicheres Existenzminimum, Alters- und Kinderarmut, eine deutlich schlechtere Durchlässigkeit im deutschen Bildungssystem als in den Siebzigerjahren und eine mangelhafte Absicherung von Alleinerziehenden. Diese Phänomene haben sich trotz beeindruckender Wachstumsdaten und Rekordausgaben des Ministeriums für Arbeit und Soziales seit Mitte der Neunzigerjahre eher verfestigt oder gar verschlechtert und erreichen jetzt auch diejenigen Milieus im Westen, die bislang gewohnt waren, dass Krisen an ihnen vorbeigehen. Die großen Reformen der vergangenen Jahrzehnte im sozialpolitischen Bereich verfolgten – verbunden mit dem Grundsatz »Fördern und Fordern« – primär Einsparungen und Effektivierung. Sie erreichten mehr Beschäftigung, aber keine wesentliche Verbesserung der Situation der von Armut Betroffenen. Eher im Gegenteil. Statt beispielsweise Langzeitarbeitslose zielgerichteter und personenspezifischer unter Berücksichtigung ihrer Vermittlungshemmnisse zu beraten, in sozialversicherungspflichtige Arbeitsplätze zu vermitteln und auskömmliche Arbeit zu fördern, wurde der Druck durch Sanktionen auf Leistungsbeziehende erhöht, das Hilfesystem möglichst schnell zu verlassen. Der soziale Wohnungsbau wurde kaputt gespart und die Versorgung mit Wohnraum dem Spiel des freien Marktes überlassen – mit der fatalen Folge, dass Gentrifizierung, Spekulation und die Verteuerung von Wohnraum heute die normale Situation in den Großstädten darstellen. Auch die Verteilung von Einkommen und Vermögen ist in Deutschland stetig ungleicher geworden – das zeigt ein Blick in den 5. Armuts- und Reichtumsbericht[71] der Bundesregierung vom April 2017. »Wohlstand für alle« ist heute für zu viele zu einer Phrase geworden. Im vergangenen Sommer zeigten sich in einer repräsentativen Studie des Meinungsforschungsinstituts Civey im Auftrag der Diakonie ganze 62 Prozent der Bevölkerung davon überzeugt, dass es in Deutschland sozial nicht gerecht zugeht. Das war noch vor der Bundestagswahl. Im Zusammenhang mit der Wahl erlebten wir dann eine unerträgliche öffentliche Neiddebatte. Die AfD spielte gezielt Menschen in Notlagen gegeneinander aus: den Flüchtling gegen die deutsche Rentnerin. Damit benutzte und benutzt die AfD eine zunehmende Entsolidarisierung, die besorgniserregend ist: Wohnungslose, in Altersarmut Lebende, prekär Beschäftigte, Geflüchtete, Alleinerziehende und Erwerbslose werden allesamt zu Konkurrenten erklärt. Der alte hobbes'sche Krieg aller gegen aller. Dabei leiden *alle* in Armut lebenden Menschen unter einer Politik, die Vermögende entlastet, international agierende Internetriesen nicht angemessen besteuert und materielle Armut und die Chancenungleichheit im Bildungsbereich nicht nachhaltig bekämpft. Und *alle* Menschen in einer Gesellschaft leiden unter einer Entsolidarisierung mit den Schwachen – denn auch sie zerstört das soziale Klima und das Gefühl von Zugehörigkeit.

Dazu kommt, dass viele in Armut lebende Menschen zu Recht das Gefühl haben, dass politische Entscheidungen mit ihren Lebensrealitäten wenig zu tun haben. Ein Gefühl, das vom Armuts- und Reichtumsbericht der Bundesregierung ebenfalls mit traurigen Fakten untermauert wird[72]: Politische Entscheidungen werden auch in Deutschland vor allem unter Berücksichtigung der Interessen von Besserverdienenden gefällt. Aber auch Wohlsituierte äußern den Eindruck, nicht gehört zu werden. Die Wahlergebnisse der AfD zeigen, dass die Partei auch in besser gestellten Milieus Zustimmung findet – unter den sogenannten Modernisierungsskeptikern.[73] In dieser Gemengelage, in der nationale politische Institutionen mit ihren Interventionen und Entscheidungen globale Phänomene zudem nicht oder nur teilweise beeinflussen oder nachhaltig ändern können, adressieren Populisten die scheinbar Schuldigen. Radikale politische Stimmen versprechen, mit einem Roll-back in nationalstaatliche Konzepte Verbesserungen zu bewirken, und haben mit solchen unseriösen Argumenten ein leichtes Spiel. Dabei übersehen die furchtbaren Vereinfacher das Entscheidende: Es ist nicht die Zuwanderung, die das Land zerreißt. Vielmehr untergräbt die zunehmende soziale (weltweite, europäische und nationale) Ungleichheit den gesellschaftlichen Zusammenhalt auch in Deutschland und gefährdet die Demokratie.[74]

Der verstorbene Soziologe Ulrich Beck subsumiert die mutwilligen Vereinfacher, die Vertreter einer Gegenmoderne, in seinem posthum erschienenen Buch »Die Metamorphose der Welt« unter dem Sammelbegriff »antikosmopolitische Bewegungen«: »Die Entwicklung zu einer ›kosmopolitisierten Moderne‹ geht immer schon mit ihrer eignen Infragestellung, der Gegenmoderne, einher. Gegenmoderne, das bedeutet ›hergestellte, herstellbare Fraglosigkeit‹. Ob nun Biologismus, ethnischer Nationalismus, Neorassismus oder militanter religiöser Fundamentalismus – stets geht es darum, die Fragen, die der Modernisierungsprozess aufwirft, ideologisch zu entsorgen.«[75]

Bei aller Komplexität von politischen Interventionen in Zeiten der Globalisierung lässt sich aber auch zeigen, dass nachhaltiger nationaler Einsatz für soziale Gleichheit und Teilhabe positive Auswirkungen auf das soziale Klima in einem Land hat. Der Erfolg lässt sich sogar messen, beispielsweise im für die Vereinten Nationen jährlich erstellten »Weltglücksbericht«[76]: Finnland, Norwegen und Dänemark sind die Erstplatzierten der vergangenen drei Jahre. Deutschland landet 2018 auf Platz 15. Der Bericht verbindet zum Beispiel Länderdaten mit Befragungen über die Selbstwahrnehmung ihrer Bewohner. Er berücksichtigt das Bruttoinlandsprodukt pro Kopf, die durchschnittliche Lebenserwartung genauso wie die gefühlte Unterstützung aus dem eigenen sozialen Umfeld oder das Vertrauen in Regierung und Unternehmen mit Blick auf Korruption. Es geht auch um die von den Befragten empfundene Freiheit, grundlegende Entscheidungen für das eigene Leben treffen zu können, sowie ihre Großzügigkeit im Blick auf Spenden. Auch negative Faktoren und Emotionen wie Sorgen, Trauer und Wut spielen eine Rolle.[77] Man kann zu solchen Rankings stehen, wie man möchte. Ich fand besonders eindrücklich, dass sich im Jahr 2016 die ausnehmend gute Platzierung der Dänen mit dem Ergebnis der dänischen Version einer Leitkulturdebatte[78] über den »Danmarkskanon« verbindet. In einem langwierigen Abstimmungsverfahren, an dem sich die gesamte Bevölkerung beteiligen konnte, wurden 10 »Charakteristika« gesucht, die als »dänische« Top-Werte begriffen werden: Auf Platz eins der dänischen Top-Ten-Liste steht die Leitvorstellung einer »Wohlfahrtsgesellschaft«, dann folgen »Freiheit«, »Vertrauen« und die »Gleichheit vor dem Gesetz«.[79] Zwischen den »glücklichen Dänen« und dem weitgespannten sozialen Netz sowie der Wertschätzungskultur ihres Wohlfahrtsstaates besteht also ein direkter Zusammenhang.[80] Ein Ergebnis, das sich auch an den Länderbeispielen Norwegen und Finnland zeigen lässt. Andersherum lässt sich sagen: Die zunehmende Angst vor sozialem Abstieg, wachsende soziale oder regionale Ungleichheit, die sozial- und strukturpolitisch nicht aufgefangen wird, gefährden den Zusammenhalt einer Gesellschaft, insbesondere dann, wenn das gleichzeitig zunehmende Nebeneinander von unterschiedlichen Kulturen, Werten oder Religionen nicht gesellschaftlich moderiert wird. Die zunehmende Ungleichheit stellt dabei das größere Problem dar: Soziale Ungleichheit und mangelnde Teilhabe sind der eigentliche Sprengstoff in unserer Gesellschaft. Ich stimme der Diagnose des Religionssoziologen Hans Joas ausdrücklich zu: »Zusammenhalt wird weniger über gemeinsame Werte erzeugt, wie etwa Demokratie, oder das Grundgesetz. Eher über Erfahrungen von Sicherheit und Gerechtigkeit für alle und das Gefühl *aller* Gruppen, gehört zu werden und mitgestalten zu können. Teilhabe und Wohlstand sind für den Zusammenhalt wichtiger als ein gemeinsamer Wertekanon.«[81]

Die Analyse von Hans Joas ist klug und richtig. Nur erleben wir täglich, dass »die da oben« und vor allem »die von da draußen«, die Flüchtlinge, zu Schuldigen gemacht werden. Ein Teil dieses Misstrauens, das grundsätzliche Misstrauen Fremden gegenüber, ist leider zunächst einmal nicht ungewöhnlich und auch erklärlich. Aber erstens ist Fremdenangst noch nicht Fremdenfeindlichkeit. Und selbst, wenn man eine gewisse »Grund-Xenophobie« als »menschlich« hinzunehmen bereit wäre, lassen sich auch politische Versäumnisse der Vergangenheit finden, die eine Feindseligkeit begünstigen: Nicht nur im sozialen Bereich wurde seit den Neunzigerjahren gespart. Auch die Hilfsangebote für Migrantinnen und Migranten, die nach den kriegerischen Auseinandersetzungen in Bosnien und dem Kosovo noch ausgebaut worden waren, wurden sukzessive wieder abgebaut. Das Asylrecht wurde faktisch immer weiter eingeschränkt. Flüchtlinge sollten gar nicht mehr bis nach Deutschland kommen können. Das war schon damals eine unrealistische Politik, die die globalen Jahrhundertherausforderungen – Kriege, Ungleichheit und Hunger, Klimawandel – ausblendet, als ginge uns das alles nichts an. Viele – auch Diakonie und »Brot für die Welt« – haben auf diese globalen Herausforderungen immer wieder hingewiesen. Als dann 2015 infolge des Bürgerkriegs in Syrien die Flüchtlingszahlen an den Grenzen Europas rapide zunahmen und die Frage, ob Flüchtlinge aktiv, polizeilich oder sogar militärisch an den deutschen Grenzen abgewehrt werden sollten, Gott sei Dank, humanitär und im Sinne einer Aufnahme entschieden wurde, stand für diese Menschen kein auch nur im Ansatz funktionierendes behördliches Hilfesystem mehr zur Verfügung. Viele Ämter und Behörden waren hoffnungslos überfordert. Ohne die kreative und selbstlose Unterstützung ausnahmslos aller Gruppen der Zivilgesellschaft, die damals aktiv geworden ist, wäre die Versorgung unmöglich gewesen. Viele Menschen haben damals angesichts der großen Not einfach geholfen.

Die Situation 2015 erschien Vielen unvorhergesehen und außerplanmäßig. Aber sie war nicht unvorhersehbar. Nur waren Europa und Deutschland auf die sich lange abzeichnenden Migrations- und Fluchtbewegungen schlicht nicht richtig vorbereitet. Eine langfristige und planmäßige gemeinsame europäische Strategie existierte nicht. Europaweit hatte man die Augen verschlossen. So konnte bei Teilen der Bevölkerung der Eindruck entstehen, dass über Deutschland eine Sondersituation hereingebrochen sei, die die sozialen Sicherungssysteme gefährde. Diese Entwicklung ist aber nicht vom Himmel gefallen. Vielmehr wurde national, europäisch und international eine weitsichtige Beschäftigung mit den weltweiten Migrationsbewegungen genauso versäumt wie national eine zukunftssichernde Gestaltung der Fragen der Existenzsicherung, der Wohnraumversorgung, des Familienlastenausgleichs oder der Hilfen für Ältere in einer immer älter werdenden Gesellschaft. Wo aber der Wohnungsmarkt allein dem Markt überlassen und als Folge verknappt und verteuert wird, und das Existenzminimum generell unter Sanktionsvorbehalt gestellt ist, ist wenig Spielraum für sozialen Ausgleich und eine Gestaltung von auskömmlichen Rahmenbedingungen für die unterschiedlichen Hilfe- und Unterstützungsbedürftigen. Nicht die Flüchtlinge, nicht die Migrantinnen und Migranten sind ursächlich für die sozialen Probleme im Land, sondern langjährige Versäumnisse der politischen Gestaltung. Diese Erinnerung mag banal erscheinen, sie vereinfacht die aktuellen Schwierigkeiten nicht, sie hilft aber, sich auf die wirklich entscheidenden Politikbereiche zu konzentrieren – ohne menschenfeindlich zu werden.

## Von behaupteter Liebe und berechtigtem Misstrauen

Noch etwas scheint mir in diesem Zusammenhang wichtig: Ich beobachte einen nachlässiger werdenden Umgang mit öffentlichen Versprechen in unserer Gesellschaft, nicht nur im Raum der Politik. Dabei sind der Stellenwert von Aufrichtigkeit und Glaubwürdigkeit von Versprechen in öffentlichen Diskursen von hoher Bedeutung. Die wütende und in dieser Einseitigkeit populistische Unterstellung »Die lügen doch alle, die da oben!« drückt die Erfahrung vieler Menschen aus, wie der kurze Rückblick auf die Ereignisse nach 1989 zeigte. Dieses Klima tolerierter Unaufrichtigkeit erleben wir indes nicht nur in der Politik. Auch manche Medien scheinen beispielsweise auf den nächsten Tweet von Donald Trump geradezu zu warten, um endlich Auflage, Einschaltquote oder »Klicks« machen zu können. Diese Unaufrichtigkeit erschwert Dialoge immens und macht Zuhören wie Reden zu einer Sisyphusarbeit, erzeugt berechtigtes Misstrauen und gefährdet so ebenfalls den gesellschaftlichen Zusammenhalt.

Unsere Gesellschaft hat sich in vielen Teilen mit dem Misstrauen und vor allem der Unaufrichtigkeit arrangiert. Ein Beispiel dafür sind die Berliner Verkehrsbetriebe. Oder besser: Ist die Imagekampagne der Verkehrsbetriebe, die seit 2015 mit dem kecken Satz »Weil wir dich lieben« in Berlin wirbt. Dieser Slogan hatte den gelben Bussen und Bahnen der Hauptstadt zunächst eine Menge Spott eingebracht. Angesichts von hohen Ticketpreisen und wenig Komfort, von ausfallenden Zügen und Ersatzverkehr, von unzähligen Baustellen und endlosen Verspätungen fühlten sich die ÖPNV-Nutzerinnen und Nutzer von so viel Herzlichkeit des Monopolisten schlicht auf den Arm genommen. Jeder weiß, dass Personennahverkehr weniger mit Liebe, sondern mehr mit Logistik zu tun hat. Und doch haben die humorvolle Überspitzung und Selbstironisierung der Kampagne geholfen. Sie ist inzwischen preisgekrönt, gilt als erfolgreich und sorgt mit witzigen Werbefilmen, Plakatmotiven und Social Media-Ideen weiterhin für Heiterkeit in Berlin. Als ihre Botschaft gilt jetzt: Das Leben ist leichter mit Humor zu nehmen. Und natürlich geht es nicht um Liebe, es geht um Werbung und um Image. Mich amüsiert diese Imagewerbung auch und doch sehe ich in ihr ein Indiz: Die Kampagne persifliert eine fehlgeleitete öffentliche und politische Kommunikation, die in unserer Gesellschaft wirkt, das Spiel mit falschen Versprechen. Dieses ambivalente Spiel, das in der Werbung sehr selbstverständlich und kunstvoll gespielt wird, hat sich in den vergangenen Jahrzehnten in fast alle Lebensbereiche hineingeblendet. Marketingfreie Räume, Zeiten, Flächen gibt es kaum noch. Eine »Kultur« des schönen Scheins, des in Kauf genommenen, verspielten Betrugs ist allgegenwärtig wirksam. Es ist eine Binsenweisheit, dass Information, Unterhaltung, Öffentlichkeitsarbeit und Marketing in der digitalisierten, sozialmedialen Mediengesellschaft oft miteinander verschwimmen, wie in den Posts in der Timeline bei Facebook. Alle machen heute Werbung für sich: ob Sportschuh oder Umweltschutz, ob geschönte Posts auf Instagram, ob Diakonie oder Partei, Stromanbieter oder Bundeswehr, Kirchentag oder Partnerbörse – es wird »infotained«, es wird zugleich informiert, geworben und unterhalten. Zielgruppengenau und personalisiert sind entscheidende Kriterien dabei. Keine Bürgerin und kein Bürger, keine Konsumentin und kein Konsument kann dem heute mehr entkommen. Dieser »kuratierte« Umgang mit Informationen und Positionen geht auf Kosten von echten Fakten, von Ecken und Kanten, von Authentizität von öffentlichen Personen, aber auch von öffentlich und strittig ausgefochtenen politischen und gesellschaftlichen Debatten. Wem kann ich wirklich noch vertrauen? Diese Frage stellen sich viele nicht nur angesichts der unübersehbaren alltäglichen Manipulationen. Sie stellt sich vielen in neuer Weise auch infolge der alltäglich gewordenen kosmetischen Operationen an Statements und öffentlichen

Beiträgen in Politik und Gesellschaft, sei es in die bis zur Unkenntlichkeit konturenlose oder die populistische Richtung. Diese Entwicklung erfordert neue komplexe Kompetenzen, um die echten von den falschen Versprechen zu unterscheiden, die mehrdeutigen Botschaften zu entziffern und die Absender mit ihren Absichten zu identifizieren. Und dann gilt es all das in ein Verhältnis zum echten eigenen Leben zu setzen. Wem glaube ich – noch? Was brauche ich – tatsächlich? Was will ich – wirklich? Und mindestens genauso wichtig: Worauf kann ich getrost verzichten? Auch wem das Geld fehlt, um auswählen zu können oder zu wollen in den kulturkapitalistischen Shoppingmalls der singulären Produkte und Profile, steht vor diesen und zwei weiteren elementaren Fragen: Welchen Botschaften kann ich heute wirklich noch trauen? Und wer meint es wirklich gut mit mir? Diese Fragen gehen jeden von uns an und sind essenziell für das Zusammenleben, egal ob in einer Zweierbeziehung oder Gesellschaft insgesamt.

»Weil wir dich lieben« ist nur ein Slogan, ein Ausläufer der Spaß- in die Marketinggesellschaft und darf gerne als Scherz durchgehen. »Blühende Landschaften« aber war mehr, war eine Metapher für eine politische Hoffnung. Dass sie sich für zu viele nicht erfüllte, dass sie sogar als Wahlbetrug erlebt wird, hat bis heute weitreichendere Folgen.[82] Und zwischen diesen beiden Statements aus Marketing und Politik zeichnet sich ab, was falsche Versprechen bei denen bewirken, die sich (womöglich systematisch) betrogen fühlen. Unterfüttert wird dieses Gefühl, unerhört zu sein und betrogen zu werden, durch die unzähligen und scheinbar allgegenwärtigen tatsächlichen Betrugs-Skandale – von zu Guttenbergs eben nicht nur peinlicher Promotionsfälschung über die großen demokratieschädigenden (Ent-)Täuschungen Bankenkrise, Diesel-Gate oder die Datenlecks bei Facebook und Co bis hin zu immer neue Doping-Skandalen im Sport. Jede weitere Enthüllung nährt die Empörung und die Bereitschaft, »Verschwörungen« zu vermuten. Unter ungerechtem und unangebrachtem Generalverdacht stehen als Folge »das Establishment«, »die Eliten«, die »Alt-Parteien« oder die »Mainstream-Medien«, die »Bonzen« oder »das Kapital«. Auch mir begegnen solche Vorbehalte bei Vor-Ort-Besuchen und in Gesprächen. Auch die Diakonie und als ihr Repräsentant ihr Präsident werden wahlweise mal als »Flüchtlingsgewinnler« oder »Berufsgutmenschen« oder als »Wohlfahrtsmafia« unter Generalverdacht gestellt.

Es wird gefährlich für ein demokratisch verfasstes Gemeinwesen, wenn das allgegenwärtige Gefühl, betrogen zu werden, und die Empörung darüber zu einer undemokratischen Haltung gerinnen, die unter Verweis auf die allgegenwärtigen Vertrauensbrüche jedes Gespräch von vorneherein für unnütz und zwecklos erklärt, also verweigert. Das höhnische Lachen, mit der manche aus der AfD-Fraktion die Debatten im Bundestag zu torpedieren versuchen, ist die populistisch inszenierte Variante einer solchen Haltung. Bewusst pauschalisierende und Fakten verzerrende oder ignorierende Statements von Nachbarn und »besorgten Bürgern« bilden ihre weit im Land verbreitete Variante.

»Die hören uns nicht zu« ist der Schlachtruf der Enttäuschten geworden. Demokratiegefährdend wird dieser Ruf besonders dann, wenn die immer schon erwartete Enttäuschung sich mit reflexhafter Empörung und der Verweigerung jeder persönlichen Verantwortung für das Gemeinwesen verbindet und als »Immer-wieder-Geschichte« in die demokratischen Diskurse und Gemeinwesen hineinsickert: Dann wirkt sie als tödliches Gift. Für den Rechtsstaat und die parlamentarische Demokratie, die auf Vertrauen in ihre öffentlichen Mandatsträger, Institutionen und Gesetze genauso angewiesen sind wie auf die Einsicht in die eigene Mitverantwortung und den Willen zur aktiven Mitgestaltung.

Auch die verbreitete Erfahrung der Entleerung und Entwertung von Gesprächen, von öffentlicher Rede, politischen Versprechen und Informationen – sei es im Interesse des Machterhalts, einer oberflächlichen Beruhigung oder einer gewünschten Konsumentscheidung zersetzt den Zusammenhalt in unserem Land. Es braucht inzwischen eine hohe Kompetenz, um die aufrichtige von der unaufrichtigen Rede zu unterscheiden. Wenn eine Unterhaltung zu reiner Unterhaltung verkommt, wenn also das herausfordernde Gespräch, die echte strittige Auseinandersetzung, die engagierte politische Debatte verschwindet, wenn man öffentlich gesprochenen (und geschriebenen) Worten nicht trauen kann und Versprechen fast spielerisch gebrochen werden, hat auch das fatale Folgen: Misstrauen, Beschimpfungen und Konjunktur von Verschwörungstheorien oder Fake News. Wir stecken mitten in einer unerhörten politisch-medialen Herausforderung. Wir brauchen mehr strittige Debatte, bitte auch mit Emotion und Identifikation vorgebrachte Argumente und Zwischenrufe, die sich durch Aufrichtigkeit und Engagement auszeichnen, nicht nur im Deutschen Bundestag, sondern auch in den kommunalen Parlamenten, im Kreistag oder auf dem Marktplatz im direkten Dialog mit den Bürgerinnen und Bürgern.

# »Wir haben diese Leute alleingelassen.« Die ohnmächtige Wut der Vergessenen

Ich bin mit Siegmund Ehrmann, dem ehemaligen Vorsitzenden des Ausschusses für Kultur und Medien im Deutschen Bundestag, zum Ortstermin in Moers-Mattheck in der Nähe von Duisburg verabredet. Siegmund Ehrmann saß bis zur letzten Bundestagswahl fünfzehn Jahre für die SPD im Parlament und zog in diesen Jahren stets als direkt gewählter Abgeordneter des Wahlkreises Krefeld II/Wesel II in den Bundestag ein, also für Moers, Neukirchen-Vluyn und den Norden Krefelds. Wir hatten uns noch vor der Wahl in seinem Büro in Berlin über die aktuellen Herausforderungen für die Politik unterhalten, über Menschen, die sich von den Medien, den Politikern und der allgemeinen Aufmerksamkeit verlassen fühlen. Er hatte mir von einem Quartier in seinem alten Wahlkreis erzählt, von der Mattheck in Moers, einer ehemaligen Bergarbeitersiedlung, in der heute Menschen aus gut sechzig Nationen leben. Mehrgeschossige Wohnblöcke aus den Sechzigern, die bis heute von der Stadt verwaltet werden, neben den Mehrfamilienhäusern, die in den Siebzigern durch die »Neue Heimat« gebaut wurden. Deren Besitzer hätten inzwischen häufig gewechselt. Ehrmann sprach von hohen Geldbeträgen, die im Rahmen des vom Bundebauministerium geförderten Projektes »Soziale Stadt«[83] in ein neu entstandenes Stadtteilzentrum in der Mattheck geflossen waren, und von vielen Widersprüchen und Nebenwirkungen der gut gemeinten Integrationsimpulse, die seiner Meinung nach trotzdem ihre Wirkung verfehlten. Er erzählte von ruhestörenden Lkws mit ausländischen Kennzeichen, die zu jeder Tages- und Nachtzeit das direkt neben der Autobahn gelegene Wohnquartier und dessen Gehwege als Park- und Ruheplatz missbrauchen; von neu aufgestellten und sofort wieder umgetretenen Fahrradständern, von überquellenden Müllcontainern und Autovermietungen, die den knappen öffentlichen Parkraum als Ausstellungs- und Vermietungsfläche missbrauchen. Ehrmann hatte damals auch sympathisch selbstkritisch gesprochen: »Wir haben diese Leute alleingelassen.«

Unsere Rundfahrt durch den Wahlkreis beginnt ruhrgebietstypisch: Die vier längst stillgelegten Zechen prägen mit ihren Türmen und denkmalgeschützten Gebäuden immer noch die niederrheinische Landschaft. Während unserer Autofahrt durch die Region erzählt Ehrmann von den Anstrengungen eines erfolgreichen Strukturwandels. Die Zahl der sozialversicherungspflichtigen Arbeitsplätze konnte in dieser Region dank kluger Kommunalpolitik erhalten bleiben. Nach einer eindrücklichen Leistungsschau und der Fahrt über neue Fachhochschul- und Firmengelände, durch schmucke Wohnquartiere und denkmalgerecht sanierte Bergarbeiterviertel sind wir zum Gespräch mit einigen langjährigen Bewohnern aus dem Mieterrat der Sechzigerjahre-Wohnblöcke in Moers-Mattheck verabredet. Wir treffen uns in einem liebevoll hergerichteten Partykeller mit selbst getäfelten Holzwänden. Als wäre die Zeit in den späten Siebzigern stehen geblieben: Unter einer original »Rheingold Alt«-Reklame-Leuchtröhre steht ein selbst gezimmerter Biertresen, der sicher schon viele fröhliche Karnevals- und Weihnachtsfeiern erlebt hat.

»Mattheck war super!«, da sind sich die inzwischen längst pensionierten Bergleute, Facharbeiter und Handwerker am Tisch einig: »Es gab sechs Läden hier: Metzger, Bäcker, alles, was du zum Leben brauchst!« Wir trinken Filterkaffee und die gestandenen Herren des Mieterrates der Mattheck, unter ihnen ein Kommunalpolitiker der SPD, überreichen mir eine sorgfältig zusammengestellte Mappe mit Fotos: »Die können Sie gerne behalten!«

Die ersten Fotos in dieser Mappe zeigen blühende Vorgärten mit liebevoll angelegten Rosenspalieren und fein säuberlich gepflegten Gehwegen, schmucke Fassaden, blumengeschmückte Fenster und ordnungsgemäße Mülltrennung. Dann folgen Kurzprotokolle aus den vergangenen »zwei bis drei Jahren« von Mietertreffs und Krisensitzungen. Dazu ein handschriftlich abgefasster Text, überschrieben: »Hilfe suchen – Offener Brief«.

In einem der Protokolle lese ich: »Herr K. erläutert, dass er nun seit ca. 20 Jahren in der Mattheck wohnt. In letzter Zeit hat sich die Mieterstruktur in seinem Haus sehr verändert. Es sind vor allem Menschen dort hingezogen, die sich im sozialen Verhalten und besonders im Lärmverhalten nicht an die bisherigen Gepflogenheiten im Hause gehalten haben. Da es sich dabei um Migranten handelt, legt Herr K. Wert darauf zu betonen, dass er nichts gegen Migranten habe. Er hat wegen des Lärms zuerst, aber vergeblich mit den Mietern gesprochen, anschließend mit der Wohnungsverwaltung sowie mit der Polizei. Obwohl er offensichtlich von einem Mieter intensiv bedroht wurde, sei niemand der Angesprochenen aktiv geworden. Herr J. berichtet davon, dass er beobachtet hat, dass eine Wohnung von einer Person angemietet wird, dort aber sechs bis zu zehn Personen wohnen. Er hat katastrophale Zustände (Verrichtung der Notdurft im Keller) an die Wohnungsverwaltung gemeldet, doch sei nichts passiert.

Herr W. berichtet, dass in seinem Haus ein junges Ehepaar einziehen sollte. Es stellte sich jedoch heraus, dass dort zwei junge Männer eingezogen waren. Er erläutert, dass in dieser Wohnung zeitweise viel mehr Menschen wohnen. In eine andere Wohnung ist eine nette iranische Familie eingezogen. Aber niemand hatte ihnen gezeigt, wie Müll entsorgt wird, wie eine Hausordnung funktioniert.

Herr P. stellt dar, dass Familien offensichtlich nicht das Problem sind, sondern eher junge oder alleinstehende Männer, die hier jetzt wohnen. Inzwischen wohnen mehr als 60 verschiedene Nationalitäten in der Mattheck.

Alle drei Bewohner aus der Mattheck legen Wert auf die Feststellung, dass sie nichts gegen Migranten haben.

Zudem fragt sich ein Mieter, warum zu den dargestellten sozialen Problemen offensichtlich von der Wohnungsverwaltung noch einem Verein für schwererziehbare Kinder (sogen. Wohngruppen) Wohnungen vermietet werden? Ein Stadtteil könne nur begrenzt soziale Probleme kompensieren.«

So weit das Protokoll. Die nächsten Seiten in der Mappe zeigen Zeitungsartikel mit Überschriften wie »Wilde Müllkippe in der Mattheck« und »Junger Messerstecher auf der Flucht«. Die Fotos zeigen in einer deprimierenden Folge Müllberge und heruntergekommene Hauseingänge. Auf einer Parkbank steht ein leeres Blechbierfass und rundherum liegen Pizza- und andere Müllreste.

Die Männer im Partykeller werden deutlicher, sie sind sich alle einig: »Die Politik hat hier einfach die Augen zugemacht.« – »Es geht um die Stärke des Rechts und nicht das Recht des Stärkeren!« – »Dat Problem is an und für sich, die Mentalität wird massiv durchgesetzt.« – Ihr Resümee: »Die Probleme werden auf die Mieter abgewälzt.«

Zweimal hat dieser Mieterrat schon erfolgreich gegen überhöhte Mieten und die Spekulation mit Wohnraum, gegen die wechselnden Wohnungsbaugesellschaften geklagt, jetzt aber fühlen sie sich von allen alleingelassen. Sie sind erschöpft. Für das mit viel Geld erbaute Stadtteilhaus und dessen Träger haben sie nur eine wegwerfende Handbewegung übrig: »Das Zusammenleben ist dadurch überhaupt nicht besser geworden. Hier arbeitet jede Organisation für sich, und da haben sie viel Geld zum Fenster rausgeschmissen!«

Was die im Stadtteilhaus Engagierten dazu sagen würden, bleibt offen.

Meine Gesprächspartner sind enttäuscht und sauer, aber sie sind sicherlich keine Fremdenhasser oder Rassisten. Sie wirken verunsichert wegen der ausländischen Nachbarschaft, haben Angst in ihrer Hilflosigkeit. Einige von ihnen sind immer noch in der SPD, zwei haben Flüchtlingspatenschaften übernommen und freuen sich über die Integrationserfolge der Familien, die sie begleiten. Gleichzeitig verlieren sie ihr Zuhause an Fremde mit fremden Verhaltensweisen und fühlen sich dem wehrlos ausgeliefert. Bei dem Psychoanalytiker Hans-Joachim Maaz lese ich: »Nur in gelebten, übersichtlichen Beziehungen, in vertrauter Runde, mit bestimmten Regeln und Ritualen kann sich ein Mensch aufgehoben, gesichert und wohlfühlen, weil er sich auskennt und dazugehört – er kennt seinen Platz, seine Bedeutung, seine Rolle, die Möglichkeiten und Grenzen. Fremdes und Neues ist immer verunsichernd und macht berechtigterweise so lange Angst, bis man sich wieder auskennt, bis man weiß, was einen erwartet, bis man wieder Kontrolle über die Situation erlebt. Fremdenangst ist völlig normal und berechtigt.«[84]

Ein Umzug kommt für diese Menschen nicht in Frage: »Mich kriegt hier keiner weg!«, sagt einer für alle. Abgesehen davon ist Wohnraum anderswo teuer, für die meisten schlicht nicht bezahlbar. Sie wollen nicht umziehen, sind aber eben auch nicht bereit, die Zumutungen der letzten Jahre einfach hinzunehmen. Ich kann sie gut verstehen, und ich empfinde Respekt vor diesen langjährigen Mietern aus der Mattheck, vor ihren Konflikten und ihren sehr ernsthaften Bemühungen, nicht der Versuchung der Vereinfachung und dem Fremdenhass zu erliegen.

Nur: Meine Befürchtung ist, dass Moers-Mattheck beispielhaft für viel zu viele Wohnquartiere dieser Art in Deutschland steht. Wer hört den Mieterinnen und Mietern in diesen Vierteln zu? Wer ist bereit, sich gemeinsam mit ihnen und mit all den anderen Bewohnern und den Behörden mit langem Atem um Verständigung und Besserung zu bemühen? Wer ist bereit, sich auf diese sehr konkreten Konflikte einzulassen und sie moderieren zu helfen, und zwar ohne billige moralische Appelle für ein friedliches Zusammenleben oder pauschale Vorwürfe wegen angeblicher Fremdenfeindlichkeit? Finden sich solche Menschen und Institutionen nicht, die verlässlich dazu beitragen, das Recht durchzusetzen und das Miteinander zu befrieden, ist es nicht verwunderlich, wenn die Wahlerfolge der AfD in solchen Wohnbezirken noch deutlicher ansteigen als bisher. In der Mattheck gewann die AfD bei der Bundestagswahl 2017 13,45 Prozent der Erststimmen und 14,10 Prozent der Zweitstimmen.[85]

## Von der Politik verlassen

Wahlergebnisse wie das in Moers-Mattheck oder Marzahn-Hellersdorf in Berlin haben hoffentlich eine Signalwirkung. Das ist positiv zu werten, jedenfalls wenn die dahinter liegenden Konflikte und Problemlagen gesehen und gehört und dann mit allen Betroffenen mit langem Atem bearbeitet werden, also Folgen nach sich ziehen. »Rückkehr zu den politisch Verlassenen« lautet der Titel einer aufschlussreichen qualitativen Studie, die der politische Thinktank »Das progressive Zentrum« in Deutschland und in Frankreich durchgeführt hat.[86] »Verlassenheit« ist ein ungewohntes Wort im Feld der Politik, gerade das finde ich interessant: Es verleiht der Debatte eine andere Tonart, die ich für dringend geboten halte. Diese erste Studie ihrer Art zu den letzten Wahlen in Deutschland und Frankreich im Jahr 2017 basiert auf je fünfhundert geführten Haustürgesprächen, in denen mit allgemein und offen formulierten Fragen »Menschen zum Erzählen« animiert werden sollten, »ohne sie in eine bestimmte Richtung zu lenken.«[87] Dem Politikberater Johannes Hillje und seinem Team ging es darum, »die authentischen Denk- und Deutungsmuster und die konkreten Erwartungen der Menschen an die Zukunft zu verstehen«[88]. In diesen Haustürdialogen hören sie denen zu, »über die sonst geredet wird«[89] – den Menschen, die in sozioökonomisch schlechter gestellten Regionen mit hohem Anteil rechtspopulistischer Wähler leben, also in Hochburgen des Front National und der AfD. Schon die Ausgangssituation sagt alles: Wie kann es eigentlich sein, dass erst ein »Forscherteam« losziehen muss, um mit den Menschen in solchen Vierteln auf Augenhöhe ohne Vorverurteilung das Gespräch zu suchen? Hillje und sein Team analysierten deswegen völlig zu Recht »eine weitere Dimension der Spaltung« der Gesellschaften, die »sich auch in der Debatte über eben diese fortsetzt: Auf der einen Seite sind diejenigen, die reden, und auf der anderen Seite diejenigen, über die geredet wird – sehr ähnlich dem, was bei Reckwitz hinter denen steckt, die den Ton angeben, und denen, die es nicht tun.

Mit der Redehoheit geht auch die Deutungshoheit über die andere Seite einher. Es geht nicht mehr darum, was ein erfolgreiches Leben ausmacht und was nicht, sondern es werden schnell pauschale Labels wie ›die Abgehängten‹, ›die Wutwähler‹, ›die Enttäuschten‹ oder ›les oubliés‹ angehängt. Unterschiedliche Vorstellungen über konkrete Sachfragen, etwa in der Migrations-, Europa- oder Sozialpolitik, werden somit in Schubladen diffuser Unzufriedenheit gesteckt. Die Autoren der Studie suchten also Frauen und Männer aus vier ausgewählten Regionen auf, jeweils aus großstädtischen, vor- oder kleinstädtischen und ländlichen Gegenden in Frankreich und in West- und Ostdeutschland. In Deutschland sprachen sie mit Menschen verschiedener Altersgruppen in Berlin Marzahn-Hellersdorf[90], in Eisenhüttenstadt, Fürstenwalde-Molkenberg und in Duisburg-Neumühl, in Gelsenkirchen-Ost und Datteln-Meckinghoven. In jeder dieser vier Regionen wurden 125 Interviews geführt und jeweils elf offene Fragen[91] gestellt. Ziel war, die Lebenswelten der Interviewpartner »von innen heraus, aus der Sicht der handelnden Menschen«[92] zu verstehen. Den Befragten sollten dadurch eben keine Themen und Antwortmöglichkeiten oder bestimmte Deutungsmuster vorgegeben werden.

Die Ergebnisse der Studie führen zu Einsichten, die gut zu meinen eigenen Beobachtungen und Erfahrungen passen: »Viele Menschen in strukturschwachen Regionen mit hohem Anteil rechtspopulistischer Wähler fühlen sich von der Politik verlassen. … Es gibt eine große Diskrepanz zwischen dem, was die Menschen als ›größtes Problem‹ des Landes (Migration) und des eigenen Alltags (unsichere Arbeitsbedingungen, Wegfall von sozialer Infrastruktur) identifizieren. Die Medien und die Bundespolitik greifen diese ›Agenda der Bürger‹ nur unzureichend auf, was ein Gefühl der Benachteiligung erzeugt. Die Abwertung anderer, insbesondere von Migranten, ist Folge einer eigenen Abwertungserfahrung (›Vergleichende Abwertungslogik‹). Eine intrinsische Fremdenfeindlichkeit zeigte sich in den Gesprächen hingegen nicht als Muster … Viele Befragte glauben, dass sozial und geografisch Gesellschaftsräume entstanden sind, aus denen sich die Politik zurückgezogen hat.«[93] Das Fazit: »Es herrscht ein Gefühl des Verlassenseins.«[94] So weit die Studie. Wer glaubt, solchen Entfremdungsprozessen aus der Demokratie ernsthaft damit begegnen zu können, dass man ein Innenministerium zusätzlich zum »Heimatministerium« umbenennt und die Aufhängung von Kreuzen in öffentlichen Gebäuden verfügt, hat die Dimension der Entfremdung und die Tragweite der Herausforderung schlicht nicht verstanden.

Mich erinnern diese Formulierung »Gefühl des Verlassenseins« und die geschilderte Wirksamkeit der »vergleichenden Abwertungslogiken« an meine Tätigkeit als Theologischer

Vorstand der Graf-Recke-Stiftung in Düsseldorf, eine der ältesten diakonischen Stiftungen Deutschlands. Der wichtigste Verantwortungsbereich dieser Stiftung umfasst dezentrale Einrichtungen der Kinder- und Jugendhilfe im gesamten Rheinland. Hier leben »verhaltensauffällige« Kinder und Jugendliche mit besonderem Förderungsbedarf in familienersetzenden Wohngruppen. Viele von ihnen sind straffällig geworden und absolvieren eine Therapie, statt eine Strafe abzusitzen. Die mitunter schockierenden Übergriffe und Straftaten dieser jungen Klienten sind psychologisch als ein verunglückter Ruf nach Aufmerksamkeit zu verstehen, als Reflex auf die frühe Erfahrung von Verlassenheit, frühe Kränkungs- und Entwertungserfahrungen. Ihre Verhaltensauffälligkeit ist ein Symptom, die Kinder sind entsprechend Symptomträger oder Indexpatienten. Sie weisen auf ein krankes, im Grunde therapiebedürftiges Umfeld (System) hin – auf den Zustand ihrer Herkunftsfamilien und ihres Lebensumfeldes. Am besten und nachhaltigsten wird ihnen geholfen, wenn dieses »System« gleich mittherapiert wird.

Ich habe damals viel gelernt von den Pädagoginnen und Therapeuten: Jugendliche, die über ihre oft große seelische Not, über Einsamkeit, ihre persönlichen Erfahrungen von Demütigung und über erlittene Gewalt nicht sprechen können, werden selbst zu Demütigern und Gewalttäterinnen. Sie rufen auf eine fatal verunglückte Weise nach Aufmerksamkeit, reproduzieren das erlebte innere Drama im Außen, mit schlimmen Folgen für sich selbst und für ihre Mitwelt. Die sozialpsychologischen Parallelen zu den »Verlassenen« in der vorgestellten Untersuchung liegen für mich auf der Hand:

»Verhaltensauffälligkeit« als Symptom einer »erkrankten« Gesellschaft kennt viele Gesichter – Protestwählen einer zumindest teilweise rechtsextremistischen Partei oder Aggression gegen politische Verantwortungsträger gehören auch dazu. Selbstverständlich ist ein Wähler einer extremistischen Partei nicht mit einem traumatisierten und straffällig gewordenen Jugendlichen zu vergleichen, aber die sozialpsychologischen Parallelen bei der Verarbeitung von Erfahrungen sind für mich frappierend. Jedenfalls gilt: andauernde Vernachlässigung (auch Wohlstandsvernachlässigung) macht wütend – Kinder und Jugendliche ebenso wie mündige Erwachsene. In demütigenden, entmündigenden, entmutigenden (Wohn-) Verhältnissen zu leben, die man nicht verlassen kann oder will, frustriert und beschädigt psychische Integrität. Es frustriert, wenn man glaubt, nichts ändern zu können, oder wenn kein Unterschied im eigenen Alltag erfahrbar wird – wen man auch wählt. Es frustriert noch mehr, wenn die Menschen, die Macht und Meinungsmacht besitzen, die also Politik, Wirtschaft, Kirche und Kultur vertreten und in Medien zu Wort kommen, in einer »besseren Welt« mit einer angeblich besseren Moral (zu) leben (glauben), in die aber nur die Wenigsten aus den »Problemquartieren« aufsteigen können.

Vielleicht scheint es Teilen der »Akademikerklasse« (Reckwitz) ungewohnt und ungemütlich, Deutschland auf diese Art zu betrachten. Aber Wut, Aggression, Abwehr des »Establishments« lassen sich wie Politikverdrossenheit, aber auch Pegida und AfD als Symptome für »kranke« Verhältnisse, für tiefer liegende Störungen im »System« Bundesrepublik verstehen.

## Wir müssen reden

Wenn einige Formen von Protestwahl oder Politikverdrossenheit Ähnlichkeiten mit der Erfahrung des Verlassenseins von Jugendlichen aufweisen, mit ihrer Ohnmacht und dem Gefühl, weder wahrgenommen geschweige denn gehört zu werden, so stellt sich eine einfache und zugleich schwerwiegende Frage: Wie kommen wir wieder ins Gespräch, aller Aggression zum Trotz?[95] Und: Wie überwindet man die eigene Empörung und die Empörung der anderen? Hans-Joachim Maaz weist darauf hin, wie wichtig, ja entscheidend es sein kann, auf unsachliche oder überzogene Handlungen und Kritik nicht einfach nur mit Abwehr zu reagieren: »Das muss auch und gerade für Kritik gelten, die völlig unsachlich, überzogen und ehrverletzend ist. Je auffälliger ein Protest ist, desto notwendiger wird die kritische Analyse der Entstehungsursachen. Notwendige Strafverfolgung und eindeutige Abgrenzung ersparen nicht das Analysieren und Verstehen des Protestes und ein hilfreiches Reagieren auf die Inhalte. Politiker, die Protest beschimpfen, statt ihn verstehen zu wollen, verletzen ihren politischen Auftrag.«[96] Ich denke an die Menschen bei Pegida und Co, ich denke an meine eigene fast intuitive Abscheu gegenüber den (rechts-)radikalen Stimmen und den Irrtum, dem ich auch leicht unterliege, in allen, die dort mitlaufen, Feinde der Demokratie zu erkennen. Exemplarisch für andere Politikerreaktionen erinnere ich mich an die harsche – für manche endlich klare – Reaktion des damaligen SPD-Vorsitzenden Sigmar Gabriel auf die fremdenfeindliche Proteste in Heidenau (»Pack, das eingesperrt werden muss!«) und die anschließenden Eskalationen. [97]

Wie also kommt man wieder ins Gespräch mit Menschen, die wiederholt erleben, dass sie mit ihren Sorgen und Ängsten politisch nicht ernst genommen werden und schon gar nicht wirksam werden können? All das rechtfertigt selbstverständlich keine Gewalt, keine Angriffe gegen Personen, keinen Vandalismus und keine menschenfeindlichen Haltungen. Aber wenn auch andere, friedlichere Formen des Protests öffentlichkeitswirksam (zu) schnell moralisch verurteilt werden, je nachdem als »rechts-« oder »linksradikal« gelabelt und im Detail als nicht gehört zu werden brauchen, ja als kriminell verurteilt werden, wächst der Verdruss. Es reicht nicht aus, nur nach dem starken Staat zu rufen, der »die Sicherheit« wiederherzustellen habe. Wir brauchen anspruchsvollere, sicher auch anstrengendere und konstruktivere Formen der Auseinandersetzung, die tatsächlich Veränderungen nach sich ziehen. Und auch wenn es immer Menschen gibt, die (derzeit) nicht miteinander reden können oder wollen: Die anderen, die, die reden und gehört werden wollen, sind die Mehrheit.

Frank Richter ist einer, der sich zwischen die Stühle gesetzt hat, der das Gespräch sucht. Als er noch Direktor der Landeszentrale für politische Bildung in Sachsen war, hat er systematisch mit den Vertretern und Freundinnen der Pegida gesprochen. Er wollte besser verstehen, wer diese Menschen genau sind und was sie wollen. Auch er führt die Heftigkeit der Empörung und manche der geäußerten Ansichten auf Ursachen zurück, die in den Bereich der Sozialpsychologie gehören. Auch er ist sicher, dass die kollektiv empfundenen Demütigungen großer Gruppen der Bevölkerung der ehemaligen DDR bis heute für viele schwerwiegende Folgen hat: »In

Teilen der sich als einheimisch empfindenden Bevölkerung in Sachsen existieren nach wie vor erhebliche Ressentiments … In der beobachteten Gruppe versammeln sich tendenziell: a) mehr Menschen mit dem Hauptwohnsitz im ländlichen Raum als Menschen mit dem Hauptwohnsitz in den urbanen Zentren, b) mehr Menschen aus den Teilen der Bevölkerung mit eher geringem oder mittleren Einkommen als Menschen mit höherem Einkommen beziehungsweise mehr Menschen mit fragilen als mit stabilen Einkommensverhältnissen, c) mehr Menschen mit (einseitig) ausgeprägter technischer, ökonomischer und praktischer Kompetenz als Menschen mit (einseitig) ausgeprägter theoretischer, politischer, sozialer und kultureller Kompetenz, d) mehr Männer als Frauen, mehr ältere als junge Menschen, e) mehr Menschen, die sich in Sachsen als Einheimische fühlen.«[98] Die Überschneidungen dieser Analyse mit der von Andreas Reckwitz sollten nachdenklich stimmen.

Ich wiederhole mich, weil es so entscheidend ist: Wir müssen miteinander reden, endlich wieder. Wir müssen eigene Ressentiments überwinden und einander zuhören. Ich schreibe aus voller Überzeugung »wir«, denn an dieser Haltung und den damit für alle Beteiligten verbundenen Zumutungen müssen alle arbeiten, die in diesem Land miteinander leben wollen. Das wird nicht einfach. Denn die aus sozialen Kontexten, historischen Zusammenhängen und persönlichen Befindlichkeiten heraus erklärbaren und herzuleitenden Muster von Ressentiments sind aus ähnlich hartem Beton wie die Hochhaussiedlungen, in denen manche von ihnen entstehen. Aber auch in den anderen, Klinker bevorzugenden Umgebungen gedeihen pauschale Vorurteile, die überprüft werden müssen. In den Vorortsiedlungen mit den Einfamilien-Häuschen andere als in den hippen Stadtteilen der angesagten Großstädte. Solche Selbstüberprüfung der Bürgerinnen und Bürger ist mit Mühe verbunden. Mit der Fähigkeit auch zur eigenen kritischen Selbstreflexion: »Lass dir öfter sagen, was du nicht hören willst.«

Mit Zuhören und mit Reden allein ist es freilich nicht getan: Die Glaubwürdigkeit von Demokratie, Rechts- und Sozialstaat muss sich vor der jeweils eigenen Haustür bewähren. Jeden Tag. »Wer will, dass Menschen sich für den Zusammenhalt der Gesellschaft einsetzen, muss für erfahrbaren soziale Gerechtigkeit sorgen. Das muss sich in den Alltag übersetzen. Für ein Dorf in Mecklenburg bedeutet das auch, ob es einen Hausarzt gibt, einen Laden, eine Bushaltestelle und Arbeit.«[99]

Um überhaupt wieder ins Gespräch zu kommen, braucht es in Quartieren wie der Mattheck oder Marzahn, auf dem platten Land in Mecklenburg oder im Emsland eine Vielzahl vertrauenswürdiger Männer und Frauen, die bereit sind, den Alltag und das Leben der »Abgehängten« zu teilen und ihnen mit der gebotenen Wertschätzung zu begegnen. Es braucht Frauen und Männer, die gemeinsam und konkret erfahrbar dafür sorgen, dass die Verlassenheit der »politisch Verlassenen« ein Ende findet und alle gemeinsam Verantwortung füreinander und das gemeinsame Quartier übernehmen. Dazu gehören auch Leute wie Johannes Hillje und Team, die unvoreingenommen fragen und Gehörtes veröffentlichen; das können Reporterinnen und Reporter etwa von Deutschlandfunk-Hörerwelten (oder anderen Programmen und Sendern) sein, die unerhörte Geschichten sammeln und Menschen ein Forum geben, die weder gewohnt sind, dass man ihnen zuhört, noch öffentlich zu sprechen.[100] Das sind natürlich bürgerschaftlich Engagierte und Angestellte der Stadtteilbüros, in der Sozialarbeit, in der Schulaufgabenbetreuung oder in der ambulanten Pflege und andere unerhörte Alltagshelden der Demokratie. Das sind auch Kommunalpolitikerinnen und -politiker, aber auch die Land- und Bundestagsabgeordneten der jeweiligen Wahlkreise, die sich diesen Lebenswirklichkeiten stellen. Ich denke hier eigentlich an alle Bürgerinnen und Bürger, jedenfalls nicht allein an *die* Politiker oder *die* Politik. Es braucht neue tragfähige Bündnisse von Politik und Zivilgesellschaft für menschenfreundliche Stadtquartiere wie für attraktive ländliche Räume. Was möglich werden kann, wenn sich hier Allianzen bilden, konnte man im »Flüchtlingsherbst« 2015 in Deutschland staunend erleben. Wir brauchen heute bei allem bewundernswerten Engagement von Millionen von bürgerschaftlich Engagierten mehr von dieser Energie: Wir brauchen auch die Energie derer, die bislang denken, Demokratie sei etwas für Zuschauer. Und wir brauchen »Ermöglicher« in den Verwaltungen, die diese zivilgesellschaftliche Energie verlässlich fördern und unterstützen, statt sie als störend zu empfinden. In einem menschenfreundlichen Mix mit professioneller Ergänzung wird nur diese Energie unser älter, bunter und ungleicher werdendes Gemeinwesen voranbringen können. Ohne gemeinsame Anstrengungen werden die sozialen, kulturellen und sozialpsychologisch vielfältigen Herausforderungen der gesellschaftlichen Integration der immer unterschiedlicheren Männer, Frauen und Kinder mit und ohne Migrationshintergrund, die gemeinsam in Deutschland leben wollen oder müssen, niemals zu bewältigen sein. Das bleibt mit großen kommunikativen Anstrengungen verbunden, von Wohlfahrtsverbänden, Unternehmen und Gewerkschaften, Kultureinrichtungen, Kirchen, Sport-, Kultur- oder Kleingartenvereinen und der Politik: »Wenn die gespaltene Gesellschaft wieder zusammenfinden soll, kann dies nur durch Dialog passieren.«[101] Und durch das tätige Engagement vieler. Dafür lohnt es sich, neue Wege zu gehen.

## Empört euch! Wutbürger und Echokammern

Zuhören. Das Gespräch suchen. Mir ist ganz klar, das ist leichter gesagt als getan. Viel, sehr viel behindert solche Dialoge: die Sprachlosigkeit und das Unverständnis zwischen den Lebenswelten, von denen mir mein Gesprächspartner von der Nationalen Armutskonferenz berichtete[102]. Oder eben der aggressive Empörungston, der Modus der Rechthaberei, der die öffentlichen Debatten oft beherrscht. In diesem Ton der Empörung zeigt sich ein weiteres entscheidendes Problem des ungesunden Miteinanders in unserem Land. Wann dieser hysterische Debattenstil um sich griff und problematisch wurde, lässt sich schwer rekonstruieren. Wie aus berechtigter Empörung vergiftende Hetze und dialogfeindliche Antihaltung und Gewalt wird, ist kaum zu greifen. Deutlich allerdings ist, dass sich im öffentlichen und veröffentlichten Raum das Gesprächsklima verschlechtert hat – in der Bevölkerung und unter den politisch Verantwortlichen. Medial und »sozialmedial« verstärkt, wirken die Aggressionen und Aufgeregtheiten gemischt mit gefälschten oder zumindest einseitigen Tatsachenbehauptungen mitunter ohrenbetäubend. Das ist nicht neu, aber auch für demokratisch verfasste Gesellschaften brandgefährlich: Eine 75 Jahre alte Zeichnung des Graphikers A. Paul Weber trägt den Titel: »Das Gerücht«[103]. Sie zeigt einen sich aus unzähligen Glubschaugen zusammensetzenden gigantischen Wurm mit menschlicher Fratze, leerem Blick hinter runden Brillengläsern und übergroß gespitzten Ohren, der in rasendem Tempo durch eine unendliche, himmelverstellende Hochhäuserschlucht zu fliegen scheint. Aus zahllosen Fenstern schauen erregte winzige Gestalten. Hunderte, die sich von dem wurmartigen Gebilde mitreißen lassen. Es gibt kein Halten mehr in diesem beängstigenden Gerücht-Szenarium aus dem Jahr 1943 – lange vor Social Media und Fake News, aber ungebrochen aktuell.

Eine wichtiges Datum für die Rückkehr der Empörung als Tonart politischer Auseinandersetzung markiert das Jahr 2010: Damals eskaliert der Protest um das umstrittene Bauprojekt Stuttgart 21. Das Wort »Wutbürger« wird er- oder gefunden und an die Gegner von Stuttgart 21 geheftet. Später im Jahr kürt die Gesellschaft für Deutsche Sprache »Wutbürger« sogar zum Wort des Jahres. In der Begründung heißt es: »Diese Neubildung wurde von zahlreichen Zeitungen und Fernsehsendern verwendet, um einer Empörung in der Bevölkerung darüber Ausdruck zu geben, dass politische Entscheidungen über ihren Kopf hinweg getroffen werden. Das Wort dokumentiert ein großes Bedürfnis der Bürgerinnen und Bürger, über ihre Wahlentscheidung hinaus ein Mitspracherecht bei politisch und gesellschaftlich relevanten Projekten zu haben.«[104] Seitdem klebt es als Label an durchaus heterogenen Protestgruppen.

Im selben Jahr erobern aber auch zwei sehr unterschiedliche Bestseller den deutschen Buchmarkt, die beide mit Wucht in die politischen Debatten einschlagen: die Übersetzung von Stéphane Hessels Essay »Empört euch!« und Thilo Sarrazins »Deutschland schafft sich ab.« Der Essay des damals 93-jährigen Resistance-Kämpfers Hessel ist ein leidenschaftlicher Aufruf an die Jugend, sich nicht abzufinden mit Ungerechtigkeit, Sozialabbau, mit Einschränkungen der Pressefreiheit und allgemein mit globalisierten Machtverhältnissen, die Menschenrechte mit Füßen treten. Ein flammendes Plädoyer für Freiheit und Wachsamkeit. Der SPD-Politiker Sarrazin schlägt in seinem fremdenfeindlichen Empörungsbestseller mit der These einer drohenden Islamisierung Deutschlands eine komplett andere Richtung ein. Das Buch polarisiert und wird ein umstrittener Verkaufsschlager. Jakob Augstein, Chefredakteur und Verleger der Wochenzeitung »Der Freitag«, nimmt die Empörung, den emotionalen Grundton der unvergleichlichen Bücher, zum Vergleichspunkt. Er schreibt dazu auf SPIEGEL ONLINE: »In Frankreich wurde ein Buch der Hoffnung zum Bestseller. In Deutschland ein Buch der Niedertracht. Wie kommt es, dass die deutsche Empörung etwas Böses hat und die französische etwas Befreiendes? Wie kommt es, dass die Franzosen Stéphane Hessel haben und wir Thilo Sarrazin?«[105] Das ist eine Gegenüberstellung, die mir in ihrer Intention nicht unsympathisch, aber typisch für eine bestimmte Diskurskritik zu sein scheint, die meines

Erachtens nicht wirklich weiterhilft. Sie bedient eine nachvollziehbare, aber inzwischen tatsächlich überholte »Rechts-Links-, Gut-Böse«-Denkstruktur. Aufschlussreicher erscheint mir der Ansatz von Ulrich Beck, der – sechs Jahre später – inhaltliche Antipoden wie Sarrazin und Hessel als unterschiedliche Flügel des gleichen oft erbittert ausgetragenen Widerstands gegen die Kosmopolitisierung der Welt[106] versteht. Er sieht »das Erstarken antieuropäischer Parteien in Frankreich, Großbritannien, Ungarn, aber auch in Deutschland … ebenfalls in diesem Kontext (…). Diese Kosmopolitisierung ist in entscheidenden Aspekten hegemonial. Ihre Unterstützer zerfallen in absichtliche und unabsichtliche. Jene bekennen sich zur Legitimität demokratischer Regierungsformen, internationaler Organisationen (…) sowie zivilgesellschaftlicher Bewegungen und Netzwerke. (…), andererseits werden die ›Fröste der Freiheit‹ und die hegemoniale Macht, mit der die Kosmopolitisierung voranschreitet, zum Ansatzpunkt gegenmoderner Ideologien, die auf der vermeintlichen Natürlichkeit von Nation, Ethnie, Kultur, Geschlecht und Religion beharren.«[107] Stéphane Hessel und Thilo Sarrazin können in dieser Perspektive als inhaltlich selbstverständlich deutlich zu unterscheidende prominente Vertreter des gleichen erbitterten Widerstands in Zeiten »eine(r) fundamentale(n) Erschütterung, eine(s) Gezeitenwechsel(s)« verstanden werden, »in dem die anthropologischen Konstanten unseres bisherigen Lebens- und Weltverständnisses wie Seifenblasen platzen.«[108] Beck schreibt weiter: »In den vergangenen Jahrzehnten sind wir mehrmals mit Metamorphosen dieser Größenordnung konfrontiert worden, durch eine Reihe von Ereignissen, zu denen vielen nur noch das Wort ›Wahnsinn‹ einfällt: vom Mauerfall über die Terroranschläge des 11. Septembers bis hin zu den katastrophalen Klimawandelfolgen überall auf der Welt, von der Finanzmarkt- und Eurokrise über die Reaktorkatastrophe in Fukushima bis zu Edward Snowdens Entlarvung der unsere Freiheit bedrohenden totalitären Überwachung digitaler Kommunikationswege. Jedes Mal ist es dasselbe Muster: Was als vollkommen unvorstellbar ausgeschlossen wurde, tritt jetzt ein – als Ereignis von globaler Bedeutung, das die Massenmedien in jedes Wohnzimmer des Planeten tragen.«[109]

Das kategorial Neue dieser tiefgreifenden Änderungen der Welt, die uns nach Beck – ob wir es wollen oder nicht – über den nationalstaatlichen Rahmen »hinaustreiben« und »uns eine kosmopolitische Perspektive aufzwingen«[110], erhellt weitere Hintergründe der starken Emotionalisierung der Debatten und ihren oft hilflosen Ton der Empörung. In Becks Verständnis äußert sich hier eine tiefe Verunsicherung aller Beteiligten, einschließlich der Vertreterinnen und Vertreter der Politik. Es herrscht ein Tonfall der Angst. Angesichts bester Konjunkturdaten in Deutschland[111] haben so viele Menschen Ängste vor unkontrollierbar erscheinen Entwicklungen in Europa und der Welt wie lange nicht mehr.[112]

In dieses Angstszenario fügen sich in je anderer und inhaltlich konträrer Ausprägung sowohl die wiederkehrenden und 2017 in Hamburg eskalierenden G20-Randalierer als auch die Wutbürger von Pegida ein. Seit Oktober 2014 gehen Letztere in Dresden auf die Straße und mobilisieren nach Medienberichten zu Hochzeiten etwa 25 000 Menschen, die »Flüchtlingskrise« im Spätsommer 2015 gibt ihnen unverhofften Auftrieb. In diesem besonderen Herbst polarisierte sich die Republik: großartiges ehrenamtliches Engagement einerseits, unfassbar aggressive Hetze andererseits. Die bereits totgesagte AfD der Euro-Kritik fand ihr neues Thema. Am Tag der Deutschen Einheit 2016, zwei Tage nach einer von Diakonie und Caritas organisierten »Tafel der Vielfalt« auf dem Washington-Platz in Berlin, bei der der damalige Bundestagspräsident Norbert Lammert vor Geflüchteten und Ehrenamtlichen eine beeindruckende Rede hielt, saß ich vor dem Fernseher und sah die Nachrichtensendungen über die zentrale Feier in Dresden: Wieder Bilder wütender Störaktionen. Bundespräsident, Kanzlerin und andere sind nicht willkommen. Wieder Fäuste schütteln, Trillerpfeifen, »Merkel muss weg!« Im Dezember 2016 dann der feige Anschlag auf die Besucherinnen und Besucher des Weihnachtsmarkts am Breitscheidplatz. Der Terror war plötzlich in Berlin angekommen. Auch die Debatte, die unmittelbar nach dem Anschlag einsetzte, war vor allem eins: laut und sofort polarisierend. Vertreter von AfD, CSU und CDU platzierten fast reflexhaft Forderungen nach schärferen Gesetzen und geschlossenen Grenzen. »Das sind Merkels Tote«, twitterte Marcus Pretzell (damals AfD) noch am Abend. Obwohl sich früh abzeichnete, dass ein desaströses Behördenversagen vorzuliegen schien (rund neun Monate später sollte der entsprechende Untersuchungsbericht alle diesbezüglichen Befürchtungen sogar noch übertreffen!), wurde die Flüchtlingspolitik der Bundesregierung allerorts lautstark als Ursache benannt und grundsätzlich infrage gestellt. Horst Seehofer (CSU) äußerte sich am Morgen nach dem Anschlag: »Wir sind es den Opfern der Betroffenen und der gesamten Bevölkerung schuldig, dass wir unsere Zuwanderungs- und Sicherheitspolitik überdenken und neu justieren.« Der Innenminister des Saarlandes Klaus Bouillon (CDU) forderte gar Inlandseinsätze der Bundeswehr und die Überwachung von Messengerdiensten wie Whatsapp, er sah auch beim Trennungsgebot von Polizei und Geheimdienst Änderungsbedarf und selbstverständlich bei der Asylpolitik. Talkshows, Timelines, Aufmacher, Onlineforen jazzten die Aufregung hoch. Manches klang so, als hätte Deutschland in den zurückliegenden Monaten hunderttausende Terroristen aufgenommen.[113] Die Fakten verzerrten sich, ehe sie wirklich recherchiert und wahrgenommen wurden. Ich war fassungslos: Einerseits über die kopflosen Reaktionen mancher Verantwortlicher in der Politik, die kurzsichtig die Populisten bedienen, andererseits über die hasserfüllten Stimmen »auf der Straße« und im Netz. Wie viele andere machte und mache ich mir Sorgen um die demokratische Kultur im Land. Andere, wie etwa der Soziologe Hans Joas, sind, jedenfalls im Rückblick, gelassener: »… die Öffnung der Grenzen mit all ihren Folgen wird von vielen als massive Verunsicherung erlebt und sehr kritisch gesehen. Und natürlich haben diese Menschen das Recht, ihre Kritik zu äußern.«[114] Allerdings sieht auch er den populistischen Gewinn, den »Kritiker aus der Sicherheits- und Gerechtigkeitskrise ziehen, (als) erschreckend«[115] an. Tatsächlich zog die AfD, die die Empörung und Verunsicherung nutzte, die im Wahlkampf das Thema und den Ton setzte, schließlich mit 13 Prozent in den Bundestag ein. Und wenn ich mich heute zu Flüchtlingsthemen äußere – etwa auf der Facebookseite von Diakonie Deutschland – hat der Social Media-Kollege alle Hände voll zu tun: Die Diakonie »verharmlose den Terror des IS«. »Geld für Flüchtlinge wäre ›plötzlich‹ da, während deutsche Obdachlose frieren müssten.« Krude Logiken, viel Falschinformation, mitunter offener Hass und immer wieder lautstarke Empörung.

Der Umgang mit den Empörungsenergien bleibt also schwierig, wird vielleicht sogar schwieriger, vor allem wenn sich die Energien nicht allein auf reale globale politische und soziale Krisen und deren nationale Auswirkungen beziehen. Hans-Joachim Maaz spricht in diesem Zusammenhang von gefühlten Bedrohungen: »Wenn eine kritische Menge paranoischer Bedrohungsfantasien aus eigenen seelischen Verletzungen mit realer Bedrohung zusammenfließen, entsteht eine hochexplosive Gesellschaftskrise. Für die einen sind dann die Flüchtlinge und der Islam die Bedrohung, für andere sind die Protestler die Feinde – so werden im ›Bruderkrieg‹ die individuelle Problematik wie auch die globale Krise auf verhängnisvolle Weise verleugnet.«[116]

Um wieder ins Gespräch zu kommen, muss das Empörungsgebrüll also wieder leiser werden, müssen wir lernen, uns zu mäßigen; als Medienmacherinnen, als Facebooknutzer, politisch Handelnde und als Männer und Frauen auf der Straße. Konstruktivere Auseinandersetzungen, problemlösendes, gemeinsames Handeln wird nur gelingen, wenn wir zu einer gemäßigten »Betriebstemperatur« der notwendigen Debatten zurückfinden, die mit öffentlicher Langeweile nicht zu verwechseln ist. Empörung ist keineswegs grundsätzlich unangebracht oder immer schon destruktiv. Empörung kann im Gegenteil – und auch das erleben wir derzeit – am Anfang von guten Veränderungen stehen. Hinter der Empörung warten im günstigen Fall das Gespräch und die Bereitschaft zur Übernahme von Mitverantwortung. Denn Empörte aller Couleur sind immerhin emotional verwandt: Sie sind leidenschaftliche Menschen. Vielleicht könn(t)en sie von dieser Gemeinsamkeit ausgehend beginnen, sich auszutauschen und einzubringen. Vielleicht lassen sich auch erste gemeinsame Ziele formulieren. Ganz sicher müssen alle neu lernen, einander über die Gründe und Genese ihrer Empörung Auskunft zu geben. Dafür müssten sie zuerst damit aufhören, sich gegenseitig niederzubrüllen. Andernfalls wird es schwierig mit dem Gehört-werden-wollen, genauso wie mit dem Zuhören.

# Zuhören, bitte!

# Den Unerhörten zuhören. Eine Kampagne der Diakonie

Die Kunst des Zuhörens ist in der unerhörten Gesellschaft auf den Hund gekommen. Was mit ihr auch verloren geht – Respekt und Empathie –, und was diesen Niedergang begünstigt oder was er für Konsequenzen für unser Gemeinwesen hat, darum ist es im ersten Teil des Buches gegangen: Es gibt in unserem Land viel zu viele kommunikativ-selbstreferentielle Parallelgesellschaften, die vielleicht noch voneinander wissen, aber einander feindselig und gleichgültig oder im besten Fall sprachlos gegenüberstehen. Die Bereitschaft, Andersdenkende wirklich anzuhören, die Erfahrungen hinter ihrer Meinung zu erfragen und bei aller Unterschiedlichkeit nach Gemeinsamkeiten zu suchen, von denen ausgehend Kompromisse verhandelt werden können, ist nur gering ausgeprägt. Wenn Talkshows, manche Bundestagsdebatten oder Wahlkampfauftritte inklusive bestellter Pfeifkonzerte und Sprechchöre, wenn die verrohten Wort-Schlachten auf Facebook und Co, die Hassmails, die wir auch in der Diakonie erhalten, etwas aussagen über die Gesprächskultur in unserem Land, sollten wir uns Sorgen machen. In diese Gemengelage zielt und trifft die »Unerhört«-Kampagne der Diakonie, die auch den Titel dieses Buches inspiriert hat.

## Zuhören plakativ

In der diakonischen Arbeit steht das Zuhören am Beginn jeder konstruktiven (Zusammen-) Arbeit. Es gibt keine fachgerechte Behandlung und keine klientengerechte Beratung ohne qualifiziertes Zuhören. Diese grundlegende Einsicht spielte auch eine Rolle, als wir bei der Diakonie Deutschland über diese Kampagne[117] nachgedacht haben. Wir ließen die Parolen Revue passieren, die wir täglich hören oder sehen: »UNERHÖRT! Diese Obdachlosen.«, »UNERHÖRT! Diese Flüchtlinge.« Aber auch: »UNERHÖRT! Diese Alltagshelden.« Oder: »UNERHÖRT! Diese Alten!« Mit pointierten Schlagzeilen werben wir jetzt auf sattvioletten Plakaten im ganzen Land. Auf den puristischen Flächen finden sich neben diesen und anderen Slogans nur noch die Webadresse www.unerhört.de sowie der Hashtag #zuhören. Beide rufen zugleich zur Information und zur Beteiligung auf – wir wollen Menschen miteinander ins Gespräch bringen, die sonst selten miteinander reden. Selbstverständlich geht es auch darum, auf die Arbeit der Diakonie aufmerksam zu machen, aber zuerst soll für das Zuhören als Voraussetzung für jedes gelingende Miteinander, sei es in der Gesellschaft oder in einer Familie, geworben werden. Wir wollen mit dazu beitragen, dass den Unerhörten in unserem lauten Land besser zugehört wird, dass sie Stimme und Gesicht bekommen und damit sichtbarer werden, dass ihre Probleme in den öffentlichen Debatten überhaupt auftauchen. Die unerhörten Menschen sind die Heimatlosen im Land – ganz egal, ob mit oder ohne Migrationshintergrund. Und es gibt zu viele von ihnen. Unerhört sind eben nicht nur Wohnungslose oder Flüchtlinge, sondern auch viele Alte, Langzeitarbeitslose, Alleinerziehende, Suchtkranke, Menschen mit Behinderung und andere, die sich und ihre Lebensgeschichte entwertet sehen. Manche dieser Unerhörten laufen bei Pegida mit, manche wählen die AfD, noch mehr wählen gar nicht mehr. Und eine ganz andere Spezies von Unerhörten zieht sich in ihre Villa, ihren Urlaub, in die Arbeit oder hinter den Computer, in den Kleingarten oder auf den Golfplatz zurück und nimmt keinen Anteil mehr an dem, was sie umgibt. Dabei werden auch sie gebraucht.

Für alle gilt: Wenn Menschen sich zu lange unerhört fühlen, birgt das Zündstoff für die Gesellschaft, in der sie leben. Wenn die Unerhörten sich dann laut, aggressiv, auch radikal zu Wort melden, ist das verstörend. Aber vielleicht auch verständlich?[118]

Die Diakonie lädt in der Kampagne nicht nur auf Plakatwänden und im Internet zum Zuhören ein, sondern wir realisieren Begegnungen jeden Tag, auch über ein wachsendes Netz von Veranstaltungen: die UNERHÖRT!-Foren mit der Diakonie als Moderatorin, mitunter auch Mediatorin, die die Menschen und Räume vor Ort kennt. Als Organisation, die deutschlandweit über die unterschiedlichsten Strukturen verfügt; und die im Verbund mit anderen Partnern aus meiner Sicht noch mehr Potenzial für die Kommunen entfalten könnte.[119] Für diese Foren suchen wir weiterhin Partner: Stadtteilzentren, Bürgerinitiativen, Kirchengemeinden oder andere Einrichtungen und Vereine. Gemeinsam finden wir Formate, in denen Menschen zu Wort, ins Gespräch, in Kontakt kommen können, die sonst nicht oder nur wenig miteinander reden. Wir ermuntern dazu, darüber zu diskutieren und selbstverständlich auch konstruktiv und leidenschaftlich zu streiten, wie eine offene und vielfältige, sozial gerechte und sichere Gesellschaft für alle an dem jeweiligen konkreten Ort Lebenden gelingen kann. Auch so übt man Zuhören. In Recklinghausen haben wir den Anfang gemacht, andere Foren sollen folgen. Wir wollen ermutigen und auffordern, gemeinsam daran zu arbeiten, dass allen Menschen in einem Dorf, einer Stadt soziale Teilhabe möglich ist. Das ist der »diakonische Blick«, von dem möglichst viele profitieren sollen.

Für das Gelingen solcher Bemühungen gibt es ermutigende und gelungene Beispiele: Der Aufbruch eines ganzen Stadtteils kann damit beginnen, sich über alle Unterschiede hinweg zusammen mit den Bedürfnissen von Demenzerkrankten zu beschäftigen und eine Wohnanlage für alte Menschen zu planen.[120] Wenn sich dann ein Quartier »inklusiv« verwandelt, wächst die Lebensqualität aller Beteiligten. Wenn Menschen mit Behinderung in einem Betrieb integriert arbeiten, wächst das Bewusstsein dafür, dass die individuelle Gestaltung von Arbeitsplätzen die Zufriedenheit auch jedes anderen Arbeitnehmers erhöht. Wenn Nachbarschaft gemeinschaftlich so gestaltet wird, dass alle Bewohnerinnen und Bewohner sich gesehen wissen und mitgestalten können, verbessert sich das Klima im Kiez für alle: für die Familie mit kleinen Kindern, die Jugendlichen, den sehbehinderten Rentner, die Alleinerziehende, den Einzelhändler und die Rollifahrerin, und sogar die Hauseigentümer und Vertreterinnen der Wohnungsbaugesellschaften sind zufriedener.[121] In einer diverser werdenden Gesellschaft gilt es, die Gemeinsamkeiten vor Ort neu zu entdecken. Es verbindet eine gemeinsame Aufgabe: den konkreten Lebensraum, die direkte Nachbarschaft mit den anderen Nachbarn verantwortlich mit zu gestalten und dann davon zu profitieren. Das stiftet über ein gemeinsam ausgehandeltes Ziel eine neue gemeinsame Identität.

Wenn wir zudem als Nachbarinnen und Nachbarn, als Bürgerinnen und Bürger über unseren Stadtteil, das Dorf, die Stadt miteinander ins Gespräch kommen, wird es nicht nur um die Kita oder den Mietertreff oder die Begrünung von Baumscheiben gehen. Wir müssen auch darüber reden, wie die Megathemen Globalisierung, Klimawandel, Migration, demografischer Wandel oder Digitalisierung unser konkretes Leben an unseren Heimatorten verändern. Wir müssen wissen und deshalb darüber diskutieren, wie wir in unserem direkten Umfeld damit umgehen wollen. Davor in der Stadtteilinitiative oder dem neuen Dorfzentrum[122] die Ohren zu verschließen, wäre fahrlässig und kurzsichtig.

Diakonie will dazu beitragen, dass die Menschen trotz ihrer Ängste und in ihren vielfältigen Notlagen handlungsfähig bleiben – als Gemeinschaft. Wir wollen, dass mehr Menschen verstehen, dass sich ein anspruchsvolles und komplexes Thema wie soziale Teilhabe nicht einfach beiseite oder auf andere schieben lässt. Und wir wollen darauf aufmerksam machen, dass es wirklich niemandem nützt, dass Flüchtlinge, Wohnungslose oder Arme mit und ohne deutschen Pass – alles Menschen, mit denen wir in der Diakonie arbeiten – gegeneinander ausgespielt werden. Wir bezweifeln schon lange, dass die Lautstarken immer kluge Ratschläge geben. Wir bezweifeln erst recht, dass Ausgrenzen, Abschotten oder gar Mundtotmachen der richtige Weg ist, um soziale Probleme zu beheben. Das Gegenteil ist der Fall.

## Zuhören statt Empören

Wenn das Zuhören vernachlässigt wird, hat das politische Folgen. Wenn sich die Menschen im Parlament etwa nicht mehr vertreten fühlen, wenn die Probleme vor der eigenen Haustür durch politische Entscheidungen nicht gelöst werden, erodiert das Vertrauen in die Demokratie. All das sind Folgen der Unfähigkeit zuzuhören, wie ich im ersten Teil des Buches versucht habe zu zeigen. Auch Folgen einer Entfernung der Männer und Frauen, die in Politik oder Wirtschaft Verantwortung tragen, von den realen Konflikten, die stattdessen in einer »Blase« leben, die kaum noch Berührung mit dem Alltag der Menschen außerhalb dieser Blase ermöglicht. Den Spruch von den »Menschen draußen im Lande« haben fast alle Politikerinnen und Politiker im Repertoire und häufig klingt es als, als sprächen sie von einer fremden Lebensform. Im Frühjahr 2017 thematisierte »Die ZEIT« in einem mehrseitigen Artikel die Krise der Demokratie: »Viele Menschen, die heute Anhänger der Rechtspopulisten sind, haben sich schon vor Jahren von der Demokratie abgewandt. Der Anteil der Nichtwähler stieg und stieg. Die Demokratie hat es nur nicht so richtig gemerkt, jede Wahl hatte ja trotzdem einen Sieger. Einen Präsidenten, der seinen zahlreichen Unterstützern dankte. Einen Premierminister, der sich als Mann des Volkes fühlte. Eine Bundeskanzlerin, die sich in dem Glauben bestätigt sah, die Stimmung im Land zu erspüren. (…) In Wahrheit aber war die scheinbar so kräftige Flamme der Demokratie in den Arbeiter- und Plattenbauvierteln, den stillgelegten Fabriken und leeren Dörfern schon lange erloschen. Es war, als wären die Menschen weggezogen, in ein anderes Land. Jetzt sind sie wieder da. Und wählen Trump, den Front National, die AfD. Früher saßen im Deutschen Bundestag zahlreiche Abgeordnete, die bloß die Volksschule besucht hatten. Sie waren Werkzeugmacher, Handwerker, einfache Leute. Heue sind die meisten Abgeordneten studierte Juristen. Auch viele Politologen sind dabei, außerdem Lehrer, Ökonomen, Bankkaufleute, Ärzte. Es sind Akademiker, deren Eltern schon Akademiker waren.«[123]

Vielleicht muss man vor diesem Hintergrund die Erfolge der AfD auch als notwendige Korrektur eines Repräsentationsproblems lesen, als eine Reaktion auf die Erfahrung, nicht gehört zu werden. Ich zitiere weiter aus diesem immer noch lesenswerten Artikel: »Beispiel Spätsommer 2015. In Deutschland sind die Grenzen für Flüchtlinge offen. Alle im Bundestag vertretenen Parteien begrüßen die Entscheidung der Kanzlerin, lediglich Politiker der CSU nörgeln bereits ein wenig herum. Gleichzeitig stimmen in einer Umfrage der Forschungsgruppe Wahlen 40 Prozent der Befragten der Aussage zu, Deutschland könne eine so große Zahl an Flüchtlingen nicht verkraften. Hochgerechnet auf die Gesamtbevölkerung sind das 25 Millionen Menschen, die im Parlament keine Stimme haben. (…) Für die repräsentative Demokratie aber ist es gefährlich, wenn Millionen Menschen niemanden haben, der sie repräsentiert. Hätte es diese Vertreter im Parlament gegeben, hätten sie die Position der Flüchtlingsgegner in den demokratischen Prozess tragen können. Diese hätten dann keinen Grund gehabt, an der Demokratie zu zweifeln. Aber so war es nicht. In der wichtigsten Frage unserer Zeit fühlten sich Millionen Menschen politisch alleingelassen – also liefen sie Pegida zu und der AfD, deren politische Führer einen gruseln lassen, die aber Millionen Menschen das Gefühl geben, gehört zu werden.«[124] – Auch Phänomene wie »Die gemeinsame Erklärung 2018« verstehe ich vor diesem Hintergrund – als Aufforderung zu neuen unbequemen Debatten, die in unserem Land geführt werden wollen.

## Zuhören und handeln

Ich sehe drei Fragenbereiche, die bearbeitet und angegangen werden müssen, auf denen sich das Zuhören in politisches Handeln übersetzen muss. Jedenfalls, wenn sich die Probleme im Land nicht weiter verschärfen sollen.

Der erste ist eine Glaubwürdigkeitskrise der Politik. Selbst ich wundere und ärgere mich oft über die verklausulierte Art der politischen Kommunikation – und ich bin hier in Berlin sehr nah dran. Manchmal ist sie nicht einmal verklausuliert, sie findet schlichtweg nicht statt. Ich habe in den Jahren in der Diakonie immer wieder erlebt, wie vorhandene Probleme (Pflegenotstand, Armutsbekämpfung, Wohnungsnot, sich vorbereitende Flüchtlingskrise und andere) schlicht nicht zur Kenntnis genommen oder zur Sprache gebracht wurden. Oft bedauernd und mit der Begründung versehen: »Das ist (dem Wahlvolk, der Wirtschaft, den Parteifreunden und anderen Gruppen) nicht vermittelbar.« Das muss anders werden. Solches Nicht-Verhalten nährt tiefe Zweifel, genau wie das Überspielen von tatsächlichen Versäumnissen. Es muss möglich sein, auch komplexe Entwicklungen öffentlich anzusprechen und schwierige Entwicklungen der Bevölkerung zu erklären. Wählerinnen und Wählern sind auch unbequeme Fakten zuzumuten, etwa, dass die nationalen Gestaltungsmöglichkeiten Grenzen haben, wenn europäische oder globale Herausforderungen zu bewältigen sind. Es muss sichtbar und diskutierbar werden, wie kompliziert es ist, Wege aus einer weltweiten Krise zu finden. Und es sollte auch sichtbarer werden, dass es »Umstände« gibt, die nicht einfach wieder »verschwinden« werden, sondern die wir zukünftig europäisch und international verantwortlich zu gestalten haben: die weltweiten Migrationsbewegungen, die Folgen des Klimawandels, die Digitalisierung und die Folgen der Globalisierung. Damit sind anspruchsvolle Anforderungen an politische Führung und Kommunikation verbunden; ein öffentliches Verhalten und Handeln, das »die Menschen draußen im Lande« mit ihren Kompetenzen ernst nimmt und fordert. Sonst haben die, die an einer »hergestellte(n), herstellbare(n) Fraglosigkeit«[125] arbeiten, ein zu einfaches Spiel.

Entscheidend ist zum Zweiten, die bundesweiten sozialen Ungleichheiten endlich auch als ein bundespolitisches Thema zu benennen. Herausforderungen wie die Wohnungsnot oder die soziale Infrastruktur müssen wirksam, das heißt die föderalen Strukturen übergreifend, bearbeitet werden. Ein besonderes (sozial-)politisches Augenmerk muss dabei den »abgehängten« Verliererregionen gelten. Ich halte es für dringend geboten, auch in diesem Zusammenhang über die Lockerung des Kooperationsverbotes zwischen Bund und Kommunen nachzudenken und eine intensive Zusammenarbeit unter

Einbeziehung der Länder anzustreben.[126] Auch Bundestagswahlen werden vor Ort, in der Kommune, gewonnen oder verloren.

Die Kommunen, die jahrzehntelang in einer verhängnisvollen Abwärtsspirale aus defizitären Einnahmen und steigenden sozialen Pflichtausgaben gefangen sind[127], müssen neue Gestaltungsräume gewinnen. Und sie sollten diesen neu zu gewinnenden Gestaltungsraum nicht im »Stand-Alone«-Modus der Verwaltung, sondern kooperativ mit der örtlichen Zivilgesellschaft, den Unternehmen genauso wie den Sportverbänden, den Kulturreinrichtungen, den Wohlfahrtsverbänden und den Kirchengemeinden, der Synagoge oder der Moschee nutzen. Hier böten sich von der Bundesebene finanzierte kommunale Entwicklungsfonds an, um die sich Kommunen mit ihren vor Ort partizipativ entwickelten Konzepten in einem Landeswettbewerb bewerben können. Auch wenn Kommunen seit fünf Jahren wieder Überschüsse erwirtschaften, hat die Erholung auf Bundesebene längst nicht alle Kommunen erreicht. Die Konsequenzen sind überall im Land spürbar: Die Qualität öffentlicher Dienstleistungen, die soziale Infrastruktur, insbesondere die Lebenschancen der nachkommenden Generationen, stellen sich je nach Kommune oder Landkreis heute völlig unterschiedlich dar. Es muss um gleich-*wertige*, keineswegs gleich-*förmige*, Lebensverhältnisse gehen, in denen Menschen sich beheimaten können. Das muss zu einem vorrangigen Handlungsziel der Politik werden. Denn die innere Zustimmung zu unserer freiheitlichen Gesellschaftsordnung hängt entscheidend davon ab, ob vor Ort, in der Kommune, im Stadtteil oder im Dorf tatsächlich Zugehörigkeit und Zusammenhalt erfahren werden – oder eben nicht. Darum sind die erforderlichen Mittel für annähernd gleichwertige Lebensverhältnisse in den sehr ungleich ausgestatteten Kommunen sicherzustellen. In den Kommunen entscheidet sich, ob der gesellschaftliche Friede und Zusammenhalt trägt. Das gilt mit Blick auf alle wichtigen Politikbereiche. Auch die Erfolge oder Misserfolge der Integration von Geflüchteten erweisen sich für die Menschen letztlich in ihrer konkreten Nachbarschaft.

Einen dritten Schritt (auch auf dem Weg zu der beschriebenen kommunalen Schwerpunktförderung) könnten bundesweit zu organisierende kommunale runde Tische bilden: Bürgerkonferenzen, bei denen vor Ort alle zivilgesellschaftlichen Gruppen wie Vereine, die Kirchen, die Kultureinrichtungen, die Unternehmen wie die Gewerkschaften, die Verbände wie auch Vertreter der örtlichen Politik kommunale Mitwirkungsvereinbarungen zur Verbesserung der Teilhabe, der Lebensverhältnisse und der Lebensqualität schließen. Denn sie alle tragen eine gemeinsame Verantwortung für den sozialen Frieden und den Zusammenhalt in unserer Gesellschaft.

Wir brauchen so etwas wie einen neuen Gesellschaftsvertrag in einer sich grundlegend verändernden Gesellschaft, die älter, bunter, digitaler und ungleicher wird. Auch die unser Jahrhundert prägenden globalen Phänomene rufen nach neuen Instrumenten der Bewältigung und der Beteiligung, die vor Ort kooperativ und partizipativ gestaltet sein müssen, wenn sie dauerhaft erfolgreich sein wollen. Frank Richter schlägt ein gesamtgesellschaftliches Brainstorming vor, um eine Debatte über die Verfassung nachzuholen, die nach seiner Meinung in den Jahren nach 1989 versäumt wurde.[128] Möglicherweise muss man auch andere Formen der Bürgerbeteiligung erproben. Ich lese mit Faszination über die ausgeloste Bürgerversammlung in Irland, die einen Querschnitt der Bevölkerung abbildet. Sie tagt über einen definierten längeren Zeitraum mehrfach am Wochenende, hört Experten an, diskutiert und berät das gewählte Parlament in schwierigen Fragen wie Abtreibung und Klimapolitik.[129] Dieses Verfahren nimmt die Mündigkeit der Bürgerinnen und Bürger ernst und teilt die Last der Verantwortung für die Landespolitik einmal anders.

Unser Land braucht auf den unterschiedlichen Handlungsebenen Angebote mit neuen Formen intelligenter Partizipation, um den anstehenden Herausforderungen durch demografischen Wandel, Klimawandel, Migration und Digitalisierung gemeinsam begegnen zu können.[130] Aus dem Zuhören folgen Teilhabe und Mitverantwortung. Zum Nutzen aller.

# Multikulti braucht »Mover«

Frühjahr 2017. Ortstermin mit Angela Merkel in Kiel-Gaarden, dem Vielvölkerstadtteil an der Förde. Es ist gelungen, die Bundeskanzlerin für einen Besuch des Gustav-Schatz-Hofs zu interessieren, einer Wohnanlage besonderer Art auf dem ehemaligen Gelände der Pickert-Kaserne. Seit 2013 macht sie von sich reden. Der Schatz-Hof steht für ein großartiges Projekt, an dem sich zeigen lässt, was in einem sogenannten sozialen Brennpunkt möglich ist, wenn die vielfältigen Kräfte eines Stadtteils von der Wohnungswirtschaft über die Religionsgemeinschaften und Firmen bis hin zur Sozialwirtschaft sich – verlässlich finanziert – zusammentun können. Wenn sich dann noch hochengagierte Menschen einbringen, wie die Projektleiterin Semra Basoglu, die den Stadtteil nach 15 Jahren Quartiersmanagement wie ihre Westentasche kennt, und ihr inzwischen 40-köpfiges multikulturelles Team, dann lässt sich in fünf Jahren eine Menge bewirken. Ein Beispiel, das Nachahmer finden darf. Und wohl finden wird.

Seit 2013 betreibt die Diakonie Altholstein in diesem Quartier ein betreutes Wohnen mit fast 100 Wohnungen, eine Tagespflege für 14 Personen, eine Demenzwohngruppe mit 12 Plätzen und einen Mietertreff. Das Besondere an diesem Konzept: 25 Prozent der Bewohnerinnen und Bewohner müssen einen Migrationshintergrund haben. Angestoßen wurde das (Pilot-)Projekt durch eine Initiative aus der Wohnungswirtschaft: Die Unternehmensgruppe Frank investierte damals etwa 15 Millionen Euro in diese Erweiterung des seit 1997 bestehenden Gustav-Schatz-Hofs. Die 1000 Menschen, die dort schon lebten, bekamen mit dem betreuten Wohnen, der ambulanten Pflege und dem Mietertreff – ein Kindergarten gehört auch zum Ensemble – ein neues, lebendiges Zentrum.

Kiel-Gaarden ist schon lange ein besonderes Pflaster. Mit gewachsenen Strukturen und Problemen. Im 19. Jahrhundert wurden hier die Werften gegründet, und in weniger als 20 Jahren veränderte sich das Leben von Grund auf: Aus einer dörflichen Idylle wurde ein industrialisiertes Arbeiterquartier. Alte Bauernhöfe wichen Mietshäusern, eine Kaserne wurde gebaut, neue Straßen angelegt, die Bevölkerungszahl explodierte: Ein ganzer Stadtteil wuchs heran, dessen Geschichte von da an eng mit der Werftindustrie verzahnt war – in guten und in schlechten Tagen. Heute leben rund 24 000 Menschen im Quartier, die meisten sind unter 45 Jahre alt, gut die Hälfte haben einen Migrationshintergrund. Gaarden spricht viele Sprachen, es gibt viele Einpersonenhaushalte, viele Alleinerziehende, sehr viele Erwerbslose und auf Transferleistungen Angewiesene. Kinder- und Altersarmut sind ein Problem, Suchterkrankungen und seelische Notlagen auch. Die Menschen, die hier neben und miteinander leben, haben eine Menge Baustellen in ihrem Alltag zu bewältigen. Überdurchschnittlich viele Haushalte in prekären Lebenslagen drohen von der allgemeinen wirtschaftlichen und sozialen Entwicklung abgekoppelt zu werden. In Gaarden konzentriert sich all das – und der Gustav-Schatz-Hof liegt mittendrin.

Es ist eine gut durchdachte, freundliche Anlage, durch die wir im April mit der Kanzlerin schlendern – Mehrfamilienhäuser, nicht zu hochgeschossig, viel Grün, viele Plätze zum

Verweilen oder Spielen, die Räume der Begegnung öffnen. Auch diese einladende Atmosphäre unterstützt den Erfolg der Nachbarschaftsarbeit. Alles wirkt gepflegt. Von einem Balkon winken Kinder. Frau Merkel winkt zurück: »Schön hier«, sagt sie. »Nicht so hohe Häuser.« Und dann begrüßt sie den Hausmeister mit Handschlag.

Auch von der eloquenten, schmalen Frau Basoglu mit ihren silbergrauen Locken, dem energischen Kinn und den freundlichen Augen ist die Bundeskanzlerin beeindruckt. Man spürt, wie sehr sie für den Schatz-Hof und seine vielfältige Bevölkerung brennt. Sie konnte auch gut erklären, wie engmaschig das Netz geknüpft ist, das diese Arbeit ermöglicht, und wie stark es inzwischen ist, eben weil sich die unterschiedlichsten »Player« im Quartier verbunden haben: die evangelische Diakonie und die sozialdemokratisch geprägte Arbeiterwohlfahrt, Moschee, Sozialkirche und jüdische Gemeinde, ansässige Firmen und Vereine, die Wohnungswirtschaft und das kommunale Quartiersmanagement, alle arbeiten hier Hand in Hand. »Diese Arbeit braucht Menschen, die so ein Miteinander wirklich wollen, und die sich bemühen, die unterschiedliche Art zu denken und zu empfinden aktiv zu überbrücken«, bestätigt Frau Basoglu. Dass etwa ein Immobilienwirt anders ticke als eine Altenpflegerin, liege ja auf der Hand. Und ein erheblicher Teil ihrer Arbeit bestehe darin, Menschen zu verbinden und sich selber entbehrlich zu machen. Viele Schultern tragen dieses Projekt.

Die größte Herausforderung sei, so erläutert sie, die Gestaltung des multikulturellen Miteinanders: »Eine multikulturelle Gemeinschaft ist kein Selbstläufer, sie muss gestaltet werden, sie braucht einen Moderator, Anlässe und einen langen Atem.« Im »Schatzhaus«, dem Mietertreff, wird darum darauf geachtet, dass es beides gibt: Ereignisse für kulturell homogene Gruppen genauso wie die »gemischten« Angebote. Die Grundregel lautet: Jede kulturelle Gruppe darf so sein, wie sie ist; sie darf selbstverständlich auch unter sich sein wollen, solange sie niemanden grundsätzlich ausgrenzt. Rassistische, sexistische oder antisemitische Anfeindungen werden nicht geduldet. Und die Erfahrung zeigt, dass die verschiedenen Gruppen tatsächlich am liebsten unter sich bleiben – egal ob deutsch oder russischstämmig, türkisch, ukrainisch oder was auch immer. Frau Basoglu überrascht das nicht: Es sei einfacher und habe schließlich auch mit dem Gefühl von Geborgenheit zu tun. Ihr Fazit: Wer die Menschen einfach sich selbst überlässt, muss sich auch in einem Multikulti-Stadtteil über »Parallelgesellschaften« nicht wundern: »Ohne Moderation klappt das nicht.«

Als Beispiel nennt sie das Iftar-Fest. 2014 lud die Diakonie erstmals zum »interreligiösen« Fastenbrechen ein. Die Moschee unterstützte, die Sozialkirche, die Synagoge begrüßten die Idee – Fasten spielt in jeder Religion eine Rolle. Im ersten Jahr folgten der Einladung dennoch fast nur die Muslime im Quartier, doch die Wiederholungen haben inzwischen das Eis gebrochen. Aus Zaungästen wurden Gäste, inzwischen bereiten auch deutsche Nachbarn den Abend mit vor: Iftar ist ein gemeinsame Fest, Ausdruck von Nachbarschaft und Verbundenheit geworden. Genauso helfen bei der gemeinsamen Adventsfeier die »türkischen Mamas« beim Tische dekorieren, und das Weihnachtsbaumschmücken gleicht im Gustav-Schatz-Hof einem interreligiösen Kinderfest.

Neben solchen besonderen Höhepunkten steht der Alltag: Zweimal in der Woche gibt es Sozialberatung auf Türkisch, Russisch und Deutsch. Es werden offene Kaffee- und Spielnachmittage, Handarbeits- und Bastelgruppen oder Frühstückstreffen angeboten, von der Krabbelgruppe und dem Kindertanzen bis zum Gedächtnistraining und dem Rollatortanz – zum Großteil von den Mieterinnen und Mietern selbstständig organisiert, zum Teil von Honorarkräften angeleitet. Die Sozialarbeiterin ist nur unterstützend im Hintergrund. Aber sie ist da.

Gefragt nach einem der schönsten Erfolge, muss Frau Basoglu nicht lange nachdenken. Es gibt eine Menge. Der Kanzlerinnenbesuch ist auch nach Monaten noch »Weißt du noch«-Gesprächsstoff. Doch Frau Basoglu denkt alltäglicher: Wenn die Demenzwohngruppe auf ihrem Spaziergang bei den türkischen Frauen vorbeischaue, die grade zu orientalischer Musik tanzen, und dann einfach mitmache: »Das berührt mich tief.«

Für mich ist der Gustav-Schatz-Hof ein Anlass zur begründeten Hoffnung. Deswegen war es mir wichtig, gerade dieses Projekt der Kanzlerin zu zeigen, und ich freue mich, dass sie wirklich beeindruckt war. Multikulti, Integration von Demenzerkrankten, Altenpflege im Quartier, Sozialberatung und die vielsprachige Mehrgenerationenarbeit, all das braucht und weckt die Initiative der Menschen. Auch in sozial schwierigen Stadtteilen kann das sehr wohl sehr gut funktionieren – nicht nur in Kiel-Gaarden. Bei einer anonymisierten Mieterbefragung gaben die hier in Kiel wohnenden Menschen an: Sie wollen nie wieder weg.

Noch etwas ist sehr bemerkenswert: Bei der Bundestagswahl 2017 konnte die AfD im Wahlbezirk 135, in dem der Gustav-Schatz-Hof liegt, nur 5,6 Prozent der Erst- und 7 Prozent der Zweitstimmen erreichen, während in den anderen Gaardener Wahlbezirken in der Regel zweistellig Ergebnisse erzielt wurden. Da lohnt es sich, besser zu verstehen, was im Gustav-Schatz-Hof anders ist. Das Geld allein ist es nicht, was ein Vergleich mit der Mattheck zeigt, in die auch viel Geld geflossen ist.

Auch Kiel-Gaarden insgesamt wird – wie viele andere besonders belastete Quartiere in Deutschland – schon seit Ende der Neunzigerjahre durch europäische und nationale Förderprogramme unterstützt. Es fließen jährlich immense Transferleistungen, und natürlich unternimmt die Stadt Kiel seit Jahren viele Anstrengungen, um den Stadtteil zukunftsfähig zu gestalten. Trotzdem hat sich die Lage nicht stabilisiert: Gaarden ist nach wie vor das Quartier mit den schlechtesten sozioökonomischen Daten. Trotz der großen Summen, die fließen. Auch in dieser Hinsicht steht Gaarden nicht allein, denn auch in die Mattheck und nach Marzahn fließt viel Geld. Aber es geht eben nicht nur um Geld, genauso wichtig sind passgenaue Konzepte und gut vernetzte kompetente Kümmerer, denen es gelingt, die verschiedenen Menschen vor Ort zusammenbringen.

Durch den Zuzug von Geflüchteten ist die Situation in den vergangen Jahren auch in Kiel-Gaarden noch schwieriger geworden. Die wachsende kulturelle Vielfalt hat Auswirkungen auf das ganze Leben, beeinflusst Nachbarschaften, Geschäftswelt, Kulturleben und Bildungseinrichtungen, aber auch das alltäglichen Verhalten. Den Straßenverkehr, die Namen der Imbissketten oder das Freizeitverhalten. Die Menschen bringen ihre Identitäten und Eigenheiten mit. Und natürlich bleiben Konflikte nicht aus. Nein, Vielfalt ist nicht nur wunderbar, Vielfalt verwirrt, sie ist schwierig, sie verursacht Reibung. Der Frust in der Mattheck, die Begegnungen in Marzahn, von denen ich erzählt habe, stehen nur exemplarisch für viele andere problematische Multikulti-Kieze. Es liegt verführerisch nahe, in solchen Situationen denen zu glauben, die behaupten, »Multikulti« sei gescheitert. Doch Projekte wie der Schatz-Hof zeigen, dass dieses Urteil falsch ist. Was scheitern muss, ist Multikulti ohne Moderation, ohne verantwortliche und nachhaltige Begleitung, ohne interkulturelles Fingerspitzengefühl und Klarheit, ohne gemeinsame Vision und einen gemeinsamen Weg. Vielfalt in einer Gesellschaft muss bewusst und mit langem Atem gestaltet werden. Das ist kein »Ein-Tags-Werk«, das ist eine bleibende Regelaufgabe, die jeden Tag die Aufmerksamkeit, die Lernbereitschaft und das Engagement aller verlangt. Fatale Entwicklungen entstehen, wenn das versäumt wird, wenn die Menschen in den multikulturellen Umgebungen mit den Konsequenzen der demografischen, sozialen und wirtschaftlichen Entwicklung, denen sie nicht entkommen können, einfach alleingelassen werden. Wenn sich ein autistisches Nebeneinander unter schwierigen Bedingungen entwickelt und zum feindseligen Gegeneinander, zu einem demokratiegefährdenden Muster wird.

Noch einmal: Die erfolgreiche Stadtentwicklung rund um den Gustav-Schatz-Hof zeigt, dass (und wie) es anders geht. Diese Erfolgsgeschichte steht auch für die positiven Folgen wachen Zuhörens – um den Hashtag der Diakonie-Kampagne aufzunehmen. In Gaarden angestoßen und ermöglicht durch ungewohnte Allianzen zwischen der Diakonie Altholstein und den Wohnungsunternehmen FrankGruppe und Vonovia. Die übertragbare weiterführende Leitfrage lautet: Was brauchen die unterschiedlichen Menschen in diesem Stadtteil? Und die weiterführende Erkenntnis ist: Was auch immer getan wird – sei es im sozialen oder im pflegerischen Bereich – es muss interkulturell und quartiersorientiert gedacht und umgesetzt werden. Mehrsprachigkeit und Kultursensibilität sind ein Muss. Außerdem dürfen die Angebote nichts kosten. Die Verantwortlichen sollten Doppelstrukturen vermeiden und Vernetzungen im Stadtteil und in der Stadt oder dem Landkreis aufbauen und festigen.

Unser Land wird vielfältiger. Wir sollten diese Vielfalt als Chance und Herausforderung verstehen und sie gemeinsam gestalten. Im Gustav-Schatz-Hof kennt man sich, man weiß voneinander, man redet miteinander, man hört aufeinander, man ist ansprechbar. Ich bin kein Kieler, kein Gaardener, ich bin nur zwei Tage dort gewesen, schaue von außen – aber das Beispiel zeigt: Am Anfang steht das Zuhören. Ein »Wir« speist sich aus vielen Quellen.

# Nachbarschaft gestalten – Gemeinsinn für ein gutes Leben

Was in Kiel-Gaarden gelingt, kann auch in anderen Kommunen und Lebenszusammenhängen in Deutschland gelingen. Es gibt weitere gute Beispiele und sie können und sollten Nachahmer finden. In der Nachbarschaft, in ihrem konkreten Lebensumfeld bewährt sich für die meisten Menschen die Qualität einer Gesellschaftsordnung. Hier entscheidet sich, ob die Demokratie an ihrer Basis, bei immer ungleicher werdenden Lebenszusammenhängen, einem diverser werdenden Volk der Deutschen, ihre soziale Gestaltungskraft, ihre Vitalität und Überzeugungskraft beweist – oder eben nicht. Auch in diesem Sinn gewinnt das berühmte Diktum des ehemaligen Bundespräsidenten Johannes Rau neue Leuchtkraft: »Die Kommune ist der Ernstfall der Demokratie.« Hier entscheidet sich jeden Tag, ob Teilhabe, Gestaltung, Heimat und Identität bloß zu leeren Floskeln und großen Worten verkommen. Prägen diese Leitbegriffe das Leben, werden sie täglich orientierend erfahrbar, dann entwickeln sich neuer Zusammenhalt, das Gefühl, dazuzugehören, und eine positiv besetzte gemeinsame neue Identität. Damit das geschehen kann, braucht es die tatsächliche Erfahrung, angehört zu werden, mitgestalten zu können und Mitverantwortung zu tragen. Das gelingt heute bereits in dem genannten Beispiel in Kiel-Gaarden wie in anderen dörflichen und städtischen modellhaften Beispielen. Wo es gelingt, wird anschaulich: Das »Wir« einer Gesellschaft entwickelt sich subsidiär, es wächst im Wortsinn von »unten« nach »oben«. Politik und Zivilgesellschaft können den Alltag der Unterschiedlichen in Wahrnehmung ihrer unterschiedlichen Verantwortung zusammen verbessern. Dafür braucht es die unterschiedlichen Menschen, Professionalität, Strukturen und eine angemessene finanzielle Ausstattung vor Ort. Um die Vor-Ort-Erfahrungen aus Gaarden und anderswo fruchtbar und nachhaltig für das ganze Land zu gestalten, sind überregionale Netzwerke und Bündnisse notwendig. Bündnisse für gleichwertige Lebensverhältnisse, an denen nicht nur Bund, Länder und Kommunen, sondern unbedingt auch der deutsche Städte- und Gemeindetag, der Deutsche Kulturrat, der Deutsche Sportbund, Unternehmerverbände, aber auch die Wohlfahrtsverbände und die Kirchen beteiligt sein sollten, ebenso Wohnungswirtschaft oder andere Firmen. In solchen ungewohnten Bündnissen lernen die einen zunächst die Sprache der anderen, die Sprache der Immobilienwirtschaft etwa kommt in einen Dialog mit der Sprache der Sozialwirtschaft. Und auch dabei braucht es alles, was Kommunikation kann. Denn »das Nebeneinander der gemeinnützigen und kommerziell Tätigen im Stadtteil ist häufig von Konkurrenzen geprägt. Aus dem Nebeneinander ein Miteinander zu machen, ist eine Herausforderung, die eine gemeinsame Klammer braucht, die Interessengegensätze der Akteure intelligent einbindet, d.h. eine Perspektive, die allen nützt.«[131]

Unerhört! Trotzdem, es geht: Wir können positive Erfahrungen mit einer vielfältigen und demokratischen Gesellschaft auf Dauer stellen.

## Die Kraft von Kindern und Alten

Bei sozialraumorientierter Arbeit muss es um die Interessen *aller* Bewohnerinnen und Bewohner eines Quartiers gehen. Es ist kein Zufall, dass wachsender Zusammenhalt durch gemeinsame Sorge für andere entsteht: für die ganz Kleinen und für die alt Gewordenen. Wo solche sorgende Gemeinschaften wachsen, teilen alle Mitwirkenden nicht nur die gemeinsame Elternrolle oder die normale gemeinsame Erfahrung des Älterwerdens. Sie lernen auch die Fähigkeiten der Alten wieder neu wertzuschätzen – nicht selten im kulturellen Lernen von anderen Kulturen, in denen sich Alter – anders als das oft bei uns ist – mit besonderer sozialer Wertschätzung verbindet. Sie gewinnen so vielleicht auch neue positive Bilder für ihr eigenes langes Älterwerden in einer immer älter werdenden Gesellschaft.

In der gemeinsamen Sorge konkretisieren sich wertvolle gemeinsame Erfahrungen bei der Humanisierung der Lebensbedingungen vor Ort. Solche Erfahrungen von Selbstwirksamkeit, geteiltem Leben und das Entdecken der gemeinsamen Gestaltungsmöglichkeiten verbinden und festigen den sozialen Zusammenhalt. Der Siebte Altenbericht der Bundesregierung[132] entwirft angesichts der Herausforderungen des demografischen Wandels Visionen von solchen sorgenden Gemeinschaften, von »Caring Communities«, in denen alle Menschen in einem Quartier unterstützt von professioneller Hilfe den Verbleib der Eltern- und Großelterngeneration in ihrer vertrauten Lebensumgebung ermöglichen helfen. Jeder Mensch möchte am liebsten in der vertrauten Umgebung alt werden – und in Gemeinschaftsleistung ist es möglich, eine vorschnelle »Stationierung« unserer Eltern und Großeltern zu verhindern.[133]

Die gemeinsame Sorge für eine kinderfreundliche und Kinder fördernde Umgebung, zu deren Gestaltung ja alle Eltern, Großeltern und aufmerksame Erwachsene etwas einzubringen haben, verbindet sich mit ähnlichen sozialen Effekten. Auch in der Stadt, im Stadtteil können gemeinschaftliche, ja, dorfähnliche Strukturen entstehen, von denen alle profitieren. Das gern zitierte afrikanische Sprichwort »It takes a village to raise a child« weist in diese Richtung, diese Einsicht holt Eltern, Alte und Kinder aus der Vereinzelung. Viele gut geführte Kindertagestätten und Familienzentren mit integrierten interkulturellen Angeboten, mit Sozial-, Familien- und Paarberatung strahlen schon heute als Impulsgeber für eine gelingende Entwicklung und ein gelingendes Zusammenleben der unterschiedlichen Kinder und ihrer unterschiedlichen Eltern in den Sozialräumen und Quartieren aus. Die gemeinsame konkrete Initiative und gestaltende Verantwortung für inklusive Lebensräume können das Herz einer neuen Community der Unterschiedlichen werden. Mit der aktiven Mitgestaltung und der damit verbundenen Erfahrung von Selbstwirksamkeit verbindet sich offenbar auch eine Sprachschule und Einübung in eine lebendige demokratische Gesellschaft. Der zweite Engagement-Bericht[134], den das Bundesministerium für Familie, Senioren, Frauen und Jugend 2017 herausgegeben hat, belegt einen engen Zusammenhang von zivilgesellschaftlichem Engagement und der

Zustimmung zur Demokratie. In den Regionen, in denen das bürgerschaftliche Engagement ausgeprägt ist, ist auch die Wahlbeteiligung entsprechend hoch. Leider gilt der Befund auch umgekehrt.[135]

Ich erinnere mich an den Besuch des Wohnquartiers, das amerikanische Künstlerinnen und Künstlern für die Dauer der documenta 13 gemeinsam mit Studenten realisiert hatten. Sie hatten dafür alte Abbruchhäuser in Kassel ausgewählt und mit kreativen Stahl- und Holzeinbauten zu originellen Wohnappartements für Studenten, in Kunstateliers und einladende offene Begegnungsräume umgestaltet. Selten habe ich ein so lebendiges und vielfältiges Wohnprojekt gesehen. Kinder, die malten und handwerkten, während ihre Eltern neugierig und begeistert durch das Wohnkunstwerk stiegen. Menschen aus allen Ländern, die in den improvisierten Cafés saßen und diese anregende Atmosphäre genossen. Die Idee ist ein Direktimport aus den Slums amerikanischer Großstädte, wo solche neuen Kooperationen von Künstlern, Sozialarbeitern und Stadtentwicklern heute ähnlich positive Impulse gerade in schwierigen Stadtquartieren setzen.

## Individualität und Zugehörigkeit

Auch viele der jungen Mitarbeiterinnen und Mitarbeiter im »Evangelischen Werk für Diakonie und Entwicklung« in Berlin mieten sich gerne in Mehrgenerationenhäusern ein oder beteiligen sich an Baugemeinschaften. Zweihundert Jahre nach der Geburt von Friedrich Wilhelm Raiffeisen gewinnen Genossenschafts- und Gemeinschaftsmodelle offenbar eine neue Attraktivität für die »Individualisierungsgeneration«. In einer vielfältiger und unübersichtlicher werdenden Gesellschaft suchen Menschen nach Gemeinsinn und Zugehörigkeit. Aber sie wollen die Bedingungen dafür selbst mitgestalten können. Das erfordert die konsequente Einbindung der zukünftigen Bewohner und ihrer Interessen und Ideen in Beteiligungsverfahren bei der Planung etwa von neu entstehenden Wohnquartieren und Stadtteilen.

Auch hier ein Beispiel: »Q 8« heißt ein Quartiersentwicklungsprojekt, das die Evangelische Stiftung Alsterdorf in Partnerschaft mit der Aktion Mensch und der NORDMETALL-Stiftung in Hamburg und in Schleswig Holstein verwirklicht. Das »Q« steht für Quartier, die »8« für die acht Lebensbereiche, die für ein funktionierendes Zusammenleben von Bedeutung sind: Wohnen und Wohnumfeld, Gesundheit und Pflege, Assistenz und Service, Bildung, Kunst und Kultur, Arbeit und Beschäftigung, lokale Ökonomie, Kommunikation und Partizipation sowie Spiritualität und Religion. »Perspektive ist eine Mischkultur aus Selbsthilfe, zivilgesellschaftlichem Engagement und Nachbarschaft, Technik und professioneller Unterstützung – bezogen auf die unmittelbare Lebenswelt. Q8 richtet den Blick auf das ganze Quartier und alle Menschen, die darin leben. Langfristig geht es darum, gemeinsam einen Perspektivwechsel zu gestalten, vom Quartier her zu denken und Entwicklungen im Stadtteil in fachübergreifenden Bündnissen zu unterstützen.«[136]

Nach wessen Bedürfnissen und nach wessen Fähigkeiten fragen die Gestalterinnen und Gestalter in der Politik, nicht nur auf der kommunalen Ebene?[137] Welches Menschenbild leitet sie dabei? Wie können Bürgerinnen und Bürger in ihrem Sozialraum besser gehört, einbezogen und wirksam werden? An den neu zu buchstabierenden Antworten auf diese Fragen entscheidet sich viel. Wenn aber niemand hinsieht und keiner genau fragt, werden die notwendigen Fragen nicht gestellt und neue Antworten nicht gefunden werden.

## Nachbarschaft – Der Alltagstest der Demokratie

»Wir sind Nachbarn. Alle.«[138] So lautete 2014 bis 2016 die gemeinsame Arbeitsüberschrift für die Diakonie in ganz Deutschland. Bunter, älter und ungleicher werdende Nachbarschaften sollten Räume der Begegnung und des Miteinanders finden und wirksam mitgestalten können. Die Menschen sollten dazu eingeladen, aber auch freundlich aufgefordert werden. Viele erprobte und bewährte Modelle zeigen beispielhaft, wie und mit welchem gesellschaftlichen Gewinn solche Einladung zu aktiver Nachbarschaft gestaltet werden kann. Dazu braucht es allerdings viele unterschiedliche Mitwirkende und eine besondere kulturelle Kompetenz für Vielfalt. Nur so öffnet sich ein Raum, in dem Gemeinsinn entsteht, in dem Menschen erfahren, wie sie selbst Leben und Umgebung wirksam gestalten können, wo sie teilhaben und nicht unerhört ausgeschlossen sind.

Birgit Richtberg, Bürgermeisterin im hessischen Romrod, einer Vier-Gemeinden-Stadt im ländlichen Raum – ich lerne sie beim 7. Berliner Demografie-Forum kennen –, übersetzt das dabei wieder neu zu entdeckende Subsidiaritätsprinzip mit einem gewinnenden Motto: »Finden, was man sucht. Geben, was man geben kann.« Es geht darum, wie Einzelne in ihren Heimatorten selbstbestimmt und eigenverantwortlich handeln und so dazu beitragen, dass alle profitieren. Auf dem wenig besiedelten Land rund um Romrod wurde aus der Bevölkerung heraus das Projekt *Fairfahrt* entwickelt, eine digitalisierte Form der Mitfahrbank, die Menschen ohne Auto unkompliziert und ohne Vorplanung über eine App mit Autofahrern zusammenbringt – für die Fahrt in den Supermarkt, zur Ärztin im Nachbardorf, zum Rathaus und so weiter. In einer nahverkehrsarmen Gegend ein unschätzbarer Mobilitätsgewinn, gerade für ältere Menschen. Der weiter weg wohnende Sohn einer älter und immobiler werdenden Frau aus Romrod hatte sich das Projekt ausgedacht. Er wollte sich nicht damit abfinden, dass seine Mutter vereinsamen würde, sollte sie einmal nicht mehr selbst Auto fahren können. Von der Fürsorge und Findigkeit eines zunächst Einzelnen profitiert heute das ganze Städtchen. Die Bewohnerinnen und Bewohner von Romrod haben ihr Problem mit der »Mobilität im ländlichen Raum« in Eigenverantwortung gelöst. Ihr bürgerschaftlich und digital organisierter Mitfahrdienst verbindet nun erfolgreich nicht nur Orte, sondern auch Menschen. Ressourcenorientierung nennen das Fachleute, im Gegensatz zu Defizitorientierung. Ein inspirierendes Beispiel für gelingendes Zusammenspiel verschiedener »Player« – hier von kommunaler Verwaltung und Zivilgesellschaft. Der Erfinder der Mobilitäts-App fand offene Ohren bei seiner Bürgermeisterin. Sie hätte den ungewöhnlichen Einfall ja auch als unerbetene krause Idee eines Amateurs verwerfen können. Hat sie aber nicht. Es sind solche agilen Partnerschaften auf lokaler und kommunaler Ebene, die Innovation ermöglichen.

Auch Kirchengemeinden und gemeinnützige Wohlfahrtsverbände sehe ich zukünftig als intermediäre Organisationen öffentlich in der Mit-Verantwortung: in ländlichen Räumen mit wegbrechender sozialer Infrastruktur oder in städtischen Quartieren wie Marzahn, der Mattheck oder Kiel-Gaarden. Das ist gerade in einer sich entkirchlichenden und gleichzeitig multireligiöseren Gesellschaft eine sinnvolle Aufgabe. Ich nenne das »Kirche und Diakonie mit anderen«. Die Kirche steht immer noch in fast jedem Dorf und in fast jedem Stadtteil, ein zu häufig ungenutztes Potenzial.

## Die Kirche im DORV

Auch auf dem Land stecken in solchen Kooperationen große Chancen. Sehr vielversprechend und diakonisch oder kirchlich noch unerschlossen, sind die DORV-Zentren. DORV ist ein Kunstwort und steht für »Dienstleistung und Ortsnahe Rundum-Versorgung«[139]. Dahinter verbirgt sich ein überzeugendes, zivilgesellschaftlich entworfenes und erprobtes Konzept der neuartigen multifunktionalen Nahversorgung: Der »Tante Emma Laden mit Hightech-Charakter« als neues DORV-Zentrum. Und zwar gerade an Orten, wo Bäcker, Metzger, Post, Sparkasse, Dorfkrug und Co bis auf Weiteres geschlossen haben und Ämter und Ärzte schon lange verschwunden sind.

DORV wurde in Nordrhein-Westfalen erfunden, in Jülich-Barmen. Es gelang der 1300-Einwohner-Gemeinde nachweisbar und nachhaltig, das soziale, wirtschaftliche und kulturelle Leben wieder zum Leben zu erwecken. Im DORV-Zentrum gibt es jetzt wieder das Sonntagsschnitzel, sogar die Nummernschilder für das neue Auto und den Kontakt zum Hausarzt. Einfach großartig. Und die richtige gute Nachricht ist: Auch DORV kann man lernen. Einige Nachahmer gibt es inzwischen.

Ich habe DORV und seinen Initiator Heinz Frey im Kontext der »2. Denkwerkstatt Ländlicher Raum« 2017 in Kassel kennengelernt. Ein Ziel dieser Denkwerkstätten, an der Führungskräfte aus Landeskirchen und Diakonie aus ganz Deutschland teilnehmen, ist, die Zusammenarbeit von Kirche und Diakonie zu verbessern. Auch die Kirchen tragen im ländlichen Raum Mitverantwortung für das Wohlergehen der Menschen in den Dörfern, nicht nur für das Seelenheil der Gemeindemitglieder. Der mitleidende Gott – so formuliere ich das als Theologe – leidet auch am Sterben der Dörfer. Das kann man nicht einfach hinnehmen.

Ich sehe Kirche und Diakonie mit den anderen Akteuren der Zivilgesellschaft in der Pflicht. Das bringt bestimmt ungewohnte Allianzen mit sich – kann gut sein, dass die Kreissynode mit der freiwilligen Feuerwehr und den Vertretern der Linken zu tagen hat. Aber wenn uns das gelingt, könnten Kirche und Diakonie im Prozess der Dorfentwicklung eine moderierende, vermittelnde Rolle einnehmen – ohne zu dominieren. Ich träume davon, dass wir uns als Kirche und Diakonie im Dorf stärker als *ein* Mitspieler unter anderen in die zivilgesellschaftlichen Prozesse einbringen. Es ist eine Lernreise, die wir gemeinsam antreten können – mit dem Ziel, dass mehr Dörfer aufblühen und mehr DORV-Zentren wachsen können, die das Leben der Menschen auf dem Land spürbar verbessern. Kirche im Dorf kann so viel mehr sein als ein denkmalgeschütztes Gebäude. Sich am DORV und seinen Zielen zu beteiligen, wäre ein interessanter Ansatz.

## Kirche findet Stadt[140]

Seit 2011 beteiligen sich Diakonie und Caritas in einer Projektpartnerschaft unter der Überschrift »Kirche findet Stadt« an dem Städtebauförderungsprojekt »Soziale Stadt«[141]. Was als zeitlich befristetes Experiment einer ökumenischen Plattform begann, ist zu einem Erfolgsmodell der kontinuierlichen Zusammenarbeit zwischen den beiden Verbänden geworden. Gemeinsam suchen wir »der Stadt Bestes« (Jeremia 29,7), eine Verbesserung der Lebensverhältnisse für Menschen vor Ort. Auch hier zeigen unsere Erfahrungen: Wenn dies gelingen soll, ist es notwendig, die Menschen mit ihren Nöten und Ideen, aber auch in ihren Netzwerken und Nachbarschaften als Teil integrierter sozialer Stadtentwicklung einzubeziehen. Die in verschiedenen Städten ökumenisch Verantwortlichen nehmen die »Leipzig Charta zur nachhaltigen europäischen Stadt«[142] auf, die eine neue nachhaltige und beteiligungsorientierte Stadtpolitik für Europa formuliert und in deren Präambel steht: »Unsere Städte verfügen über einzigartige kulturelle und bauliche Qualitäten, große soziale Integrationskräfte und außergewöhnliche ökonomische Entwicklungschancen. Sie sind Wissenszentren und Quellen für Wachstum und Innovation. Zugleich sind in unseren Städten aber auch demografische Probleme, soziale Ungleichheit, Ausgrenzung bestimmter Bevölkerungsgruppen, ein Bedarf an preisgünstigen und geeigneten Wohnungen und Umweltprobleme erkennbar. Auf Dauer können die Städte ihre Funktion als Trägerinnen gesellschaftlichen Fortschritts und wirtschaftlichen Wachstums im Sinne der Lissabon-Strategie nur wahrnehmen, wenn es gelingt, die soziale Balance innerhalb und zwischen den Städten aufrechtzuerhalten, ihre kulturelle Vielfalt zu ermöglichen und eine hohe gestalterische, bauliche und Umweltqualität zu schaffen.«

Auch hier geht es um eine nachhaltige, bürgerorientierte und fachübergreifend konzipierte Stadtentwicklungsplanung. Die Förderung erfolgt durch das Bundesministerium für Umwelt, Naturschutz, Bau und Reaktorsicherheit, das bislang nicht zu den einschlägigen Partnerressorts der Freien Wohlfahrtspflege gehörte. Auch das ist eine neue Konstellation. Sie hat allen Beteiligten um neue Perspektiven bereichert. Das Projekt trägt dazu bei, die ökumenische Kooperation zu zentralen sozialen Fragen zu festigen und die strategischen Prozesse in den Verbänden abzustimmen. Es gelingt, Erfahrungen in der Zusammenarbeit zwischen Kirchen, den Wohlfahrtsverbänden und den Kommunen zu sammeln und damit weiterzuarbeiten. Die diakonischen Werke und die Diözesancaritasverbände werden aktiv eingebunden und helfen mögliche Pionierstandorte zu identifizieren, geben Impulse zum Erfahrungsaustausch in den verschiedenen Formaten und multiplizieren die Erkenntnisse. Die Erkenntnisse aus den Pionierstandorten, den Transferwerkstätten und den Strategiegesprächen bieten zahlreiche Anknüpfungspunkte für die Stärkung sozialräumlichen Handelns in Kirche und Verbänden.[143] Auch hier generiert Zuhören neue Strukturen.

Das Erfolgsmodell Städtebauförderung soll in gemeinsamer Verantwortung von Bund, Ländern und Gemeinden fortgeführt und im Dialog mit allen an der Stadtentwicklung beteiligten Akteuren weiterentwickelt werden. Die Programme der Städtebauförderung sollen die Kommunen insbesondere beim demografischen, sozialen und ökonomischen Wandel sowie beim Klimaschutz unterstützen. Dabei müssen Bürgerinnen und Bürger, zivilgesellschaftliche und wirtschaftliche Akteuren einbezogen, die Zusammenarbeit mit privaten Immobilienbesitzern und Wohnungsgesellschaften ausgebaut und die Förderprogramme vereinfacht werden.

Die Erfahrungen aus dieser Zusammenarbeit und aus diesen Projekten macht eines immer wieder deutlich: Eine Kultur des Hinsehens und Zuhörens braucht Ressourcen, Kompetenzen, teilhabefördernde Angebote, Moderation und Engagement-förderliche Infrastrukturen – insbesondere, um auch das bürgerschaftliche Engagement in den Dörfern und Stadtteilen zu erweitern. Die Feststellung der damaligen Bundesbauministerin Barbara Hendricks in einer Zwischenbilanz im November 2016 gilt immer noch: »Die Kirchen besitzen ein großes Vor-Ort-Wissen über die Chancen und Probleme der einzelnen Stadtviertel. Und dennoch haben wir die Kirchen in der Vergangenheit zu wenig als Akteure der Stadtentwicklung angesehen – und sie selber haben sich auch nicht immer als solche empfunden.«[144]

Zuhören heißt demnach: Angesichts der demografischen, kulturellen und sozialen Herausforderungen müssen Politik *und* zivilgesellschaftliche Akteure auf allen politischen Ebenen bündnisfähig werden, um sich gemeinsam für eine offene und soziale gerechte Gesellschaft einzusetzen, in der Hinsehen und Zuhören die Basis für Zusammenhalt darstellen. Wir alle müssen dabei gemeinsam Konsequenzen aus der Einsicht ziehen, dass nachhaltige Sozial- und Gesellschaftspolitik im Quartier entschieden wird. Vor Ort entscheidet sich die Zukunft einer offenen Gesellschaft, die das Label gelungene Vielfalt wirklich verdient.

## Wir schaffen das nur gemeinsam

Das Personalpronomen »Wir« ist ebenso einvernehmend wie unpräzise. Das gilt für das »Wir sind Papst!« – Schlagzeile der »BILD« 2005 nach der Wahl des Kardinals Joseph Ratzingers zum Bischof von Rom – oder Angela Merkels »Wir schaffen das!« von 2015. »Wir« suggeriert, unterstellt ein Bild von Geschlossenheit und Einigkeit und vereinnahmt mitunter die Leistung eines anderen für eine Gruppe: »Wir sind Weltmeister« gehört in diese Liga. Und der Buchtitel »Wer ist Wir? Deutschland und seine Muslime« von Navid Kermani spitzt zu, wie unpräzise und ausgrenzend ein »Wir« sein kann. Ich selbst rutsche, wie jeder andere, auch immer wieder unvermittelt ins »wir«, wenn ich meiner Position mehr Gewicht verleihen möchte, und benutze auch in diesem Buch häufig die Erste Person Plural – in wechselnden Bedeutungen. Dabei reagiere ich selbst auf unzulässige Verallgemeinerungen in der Regel eher ärgerlich und kann ausgrenzende oder übergriffige Vereinnahmungen nicht leiden. Da gilt der schöne alte Spontispruch »Wir sind doch alle Individualisten. – ›Ich nicht!‹«.

Und trotzdem: »Wir schaffen das!« war und ist ein wichtiger Satz, mutig und zukunftsorientiert. Meines Erachtens hat er gar keine Alternative, aber er ist zu präzisieren und zu öffnen. Die Präzisierung heißt: »Wir schaffen das nur mit der Mitwirkung aller Beteiligten.« Die Öffnung bezieht sich auf die Aufgabe, die wir gemeinsam zu bewältigen haben. Es geht nicht nur um die Integration der zu uns Flüchtenden oder eine gemeinsame europäische Haltung angesichts dieser politischen und menschlichen Jahrhundertherausforderungen und die Bekämpfung der Fluchtursachen. Es geht um unser Zusammenleben in einer vielfältiger werdenden Gesellschaft, um Teilhabe aller. Um Inklusion und Integration der Verschiedenen, aller Menschen in ein Gemeinwesen. Ich bin überzeugt, dass es zu einem solchen »Wir« keine Alternative gibt. »Wir«, das sind nicht »Wir Deutsche« oder »Europäer« oder »Wir Gutmenschen aller Länder«. Dieses »Wir« ist auch nicht gleichgeschaltet oder homogen, es ist das universalistische »Wir« der Menschenrechte, der Menschheit auf einer »kleiner« gewordenen Erde mit begrenzten Ressourcen. Wir Menschen sind Nachbarn. Alle. Kleiner oder weniger komplex geht es auf unserem Planeten in Zeiten der Globalisierung nicht mehr, und in unserer facettenreichen Gesellschaft auch nicht.

In der südafrikanischen Philosophie gibt es einen Begriff, der diese Haltung zum Ausdruck bringt: Ubuntu. Das Wort Ubuntu stammt aus den Bantusprachen der Zulu und der Xhosa und bedeutet so viel wie Menschlichkeit und Gemeinsinn. Es fasst die Erfahrung zusammen, dass jeder Mensch ein Teil eines größeren Ganzen ist. Ein Ich ist ohne ein Wir nicht zu denken. Unsere Gesellschaft kann von diesem afrikanischen Denkansatz lernen: Der Mensch wird erst Mensch durch die anderen Menschen, das ist der Kern dieser Philosophie.[145] Wir brauchen einander.

Ich habe in meinem Blog am ersten Jahrestag von Merkels umstrittenem »Wir schaffen das!« den Friedensnobelpreisträger Desmond Tutu zu Wort kommen lassen. Ein Interview, das er bereits 2009 dem Institut für Friedenspädagogik Tübingen e.V. gegeben hatte. Er sagt: »Ubuntu bedeutet: Ich brauche Sie, um ich zu sein, genauso wie Sie mich brauchen, um Sie selber zu sein. Es bedeutet, wir sind miteinander verbunden. Ohne andere Menschen hätte ich nie gelernt, wie ein menschliches Wesen zu reden, zu gehen oder zu denken. All das weiß ich von anderen menschlichen Wesen. Ich brauche also tatsächlich andere menschliche Wesen, um überhaupt erst menschlich zu werden. Ein Mensch wird überhaupt erst durch andere Menschen zu einem Menschen – das liegt auf der Hand. Tatsächlich bedeutet Ubuntu: Sie und ich und alle anderen Menschen sind Mitglieder ein und derselben Familie. Sie sind mein Bruder, sie dort ist meine Schwester … Egal, ob die Hautfarbe dunkel ist wie meine – oder hell wie die Ihre. Wir sind alle Mitglieder derselben Menschheitsfamilie. – Sie würden Ihren Bruder oder Ihre Schwester nicht verletzen wollen. Sie würden Ihre Schwester, Ihren Bruder, ja, niemanden aus Ihrer Familie niederstechen. Sie würden nicht erwarten, dass Ihnen gegenüber Gewalt angewendet wird. In einer Familie tun Bruder und Schwester einander normalerweise nichts an. Es sollte keine Gewalt zwischen ihnen herrschen. Wenn es aber doch so ist, dann stimmt etwas mit der Familie nicht.

Die Zukunft unserer Welt liegt in den Händen von euch jungen Leuten. Ihr habt es in der Hand, ob die Welt ein barmherziger oder eine unbarmherziger, grausamer Ort wird. Sie haben es in der Hand: Wird die Welt ein Ort, an dem Ihre Kinder großwerden können – mit freundlichen, mitfühlenden, liebenswürdigen Menschen? Sie entscheiden, die Welt liegt in Ihren Händen. – Junge Leute müssen von einer Welt träumen, in der weder Armut noch Krieg noch Gewalt noch Krankheit herrscht. In der alle Kinder genug zu essen und zu trinken haben. Das ist für die ganze Welt möglich. Und ich wünsche mir, dass die jungen Leute nicht aufhören, von dieser Welt zu träumen.«[146]

*Das* schaffen wir nur gemeinsam.

# Unerhört – der Rest der Welt ist auch noch da

Zu einer meiner ersten Langspielplatten gehörte eine LP, die zwischen den Rolling Stones und Pink Floyd zwar schon damals etwas aus dem Rahmen meiner Sammlung fiel, die ich aber heute noch besitze: eine Rede von Erhard Eppler (SPD), dem damaligen Bundesminister für wirtschaftliche Zusammenarbeit. So etwas gab es damals: Politikerreden auf Langspielplatte, und ich habe sie mehrmals abgespielt, nachdem ich Eppler das erste Mal auf dem Evangelischen Kirchentag in Düsseldorf reden gehört hatte. Das war 1973. Epplers programmatische Rede auf der Schallplatte trägt den Titel: »Entwicklung ist der neue Name für Frieden«. Sie handelte bereits vor über vierzig Jahren von ungerechtem Welthandel und der Verantwortung des Nordens für sich verbrauchende Rohstoffe und endliche Ressourcen, von gerechteren Handelsbeziehungen und weniger Waffenexporten. Die Fragen, die Eppler damals stellte[147], haben bis in unsere Gegenwart zu wenig Gehör gefunden.

Heute wirke ich als Vorstandsvorsitzender des Evangelischen Werkes für Diakonie und Entwicklung, unter dessen Dach die Diakonie Deutschland, die Diakonie Katastrophenhilfe und Brot für die Welt – Europas größte Nichtregierungsorganisation auf dem Gebiet der Entwicklungszusammenarbeit – seit 2012 zusammen arbeiten. Auch die sozialen Fragen haben sich längst globalisiert. Weltweit sind über 68 Millionen Menschen auf der Flucht. Die Herausforderungen, die sich mit diesen Migrations- und Fluchtbewegungen verbinden, werden sich genauso wie ihre Ursachen nur in gemeinsamer internationaler, europäischer und nationaler Anstrengung bearbeiten lassen. Von den weltweit 48 am wenigsten entwickelten Ländern befinden sich 33 in Subsahara-Afrika, also fast vor unserer Haustür. Weltweit werden hier die meisten Kinder geboren. Bis zum Jahr 2050 wird sich die Bevölkerung in diesem Teil Afrikas voraussichtlich verdoppeln. Untersuchungen von heutigen und ehemaligen Entwicklungsländern zeigen, dass sozioökonomisches Wachstum mit einem Rückgang der Geburtenrate verbunden ist. Die Geburtenrate sinkt auch, wenn Frauen in Familien und Gesellschaft mehr Mitsprachemöglichkeiten erhalten und Zugang zu Familienplanung und Aufklärung haben, wenn Mädchen und Frauen eine bessere Bildung erfahren und sich neue, bessere Lebensperspektiven für alle entwickeln sowie die Kindersterblichkeit zurückgeht.

Viele Wanderungsbewegungen erklären sich durch anhaltende Dürre als Folge der Klimaveränderung. Die Beck'sche »Metamorphose der Welt« deutet sich auch hier bereits an. Doch wer denkt, dass sich diese Herausforderungen durch höhere Zäune und eine Politik der Abschottung, durch eine Politik des Nicht-Hörens und Nicht-Sehens lösen lassen, der hat die Dimension dieser Herausforderungen schlicht nicht verstanden. Wir alle müssen die Bedeutung des Drei-Buchstaben-Wortes »Wir« neu verstehen lernen – national, europäisch und auch international. So ein »Wir« entsteht auch durch Zuhören, durch Geschichten erzählen, streiten und verstehen lernen. Nicht nur im Quartier oder im Dorf geht es um ein solches neues Gemeinschafts- und Zugehörigkeitsverständnis. Die Menschheit, auch der Teil, der in Deutschland zu Hause ist, gehört längst zu einer Schicksalsgemeinschaft auf diesem wunderbar erwählten Planeten. Wir alle leben im globalen Dorf. Der »Weltspiegel« trägt für das Fernsehpublikum jede Woche Geschichten von anderen Teilen der Erde in die Wohnzimmer, nicht nur die junge Generation ist oft ganz selbstverständlich weltweit vernetzt. Und »Wir« entscheiden jeden Tag persönlich und als Bürgerinnen und Bürger eines der reichsten Länder dieser Erde mit: über unseren Umgang mit beschränkten Ressourcen, über gerechtere Handelsbeziehungen und die aktive Mitarbeit an Chancen einer nachhaltigen Entwicklung auch für Afrika, den Kontinent, der vor unserer Haustür liegt. »Wir« entscheiden über die Zukunft dieses »Wir« auf einer gefährdeten Erde. Auch vor diesen unerhörten Einsichten dürfen wir nicht länger unsere Ohren verschließen. Gemeinsinn macht Sinn – erst recht im globalen Dorf. Mir machen deshalb die jungen Erwachsenen Hoffnung, die sich jedes Jahr für »Brot für die Welt« von unserem Haus in Berlin aus für ein internationales soziales Jahr in alle Welt entsenden lassen. Genauso ermutigend finde ich, dass sich alleine in der Diakonie in Deutschland 700.000 Menschen ehrenamtlich engagieren, in der Hospizarbeit, bei der Telefonseelsorge, der Flüchtlingshilfe und in vielen anderen Arbeitsfeldern. Sie alle lernen, anderen zuzuhören, und profitieren so für ihr eigenes Leben: Sie erfahren Zugehörigkeit zu neuen Netzwerken und gewinnen neue Freundschaften und erweitern ihre Fähigkeiten und Kenntnisse. Nicht auszudenken, was es für ein Gemeinwesen bedeutet, wenn dieses »Wir« der Lernenden und Neugierigen noch stärker wird. Ulrich Pohl, der Vorstandsvorsitzende der von Bodelschwingh'schen

Stiftungen Bethel, dem größten Sozialunternehmen Europas, hat anlässlich des 150. Geburtstags der Stiftungen mit guten Gründen ein Allgemeines Soziales Jahr gefordert: Ein solches Jahr »kombiniert den ausgeprägten Gerechtigkeitsaspekt eines verpflichtenden Gemeinschafts- und Praxisjahres für alle Schulabgänger (unabhängig von Geschlecht, Religion und Herkunft) mit der Perspektive eines wirklich sozialen, solidarischen und an der Wahrung der Menschenwürde orientierten Europas.«[148] Davon würde unser Gemeinwesen sehr profitieren. Wie eine solche Erfahrung nachwirken kann, erzählte Steffen Seibert, Sprecher der Bundesregierung, auf dem Jahresempfang der Diakonie: Als junger Mann hat er seinen Zivildienst bei einem diakonischen Pflegedienst abgeleistet. Eine wertvolle Zeit in seinem Leben voller Begegnungen, die er sonst nie gehabt hätte – sowohl mit den Menschen, die er unterstützen konnte, als auch mit einer sehr besonderen Diakonisse, die ihn mit ihrer Haltung zum Leben und zu ihrer Arbeit tief beeindruckt habe.

## Wir – Gemeinsinn macht Sinn

Gemeinsinn macht nicht nur Sinn, er prägt Biografien und Lebensentwürfe. So entfaltet das »Wir« eine Kraft, die einen ein Leben lang begleitet. Ein soziales Jahr nicht nur nach dem Schulabschluss, auch in der Lebensmitte, mitten im Berufsleben, sozialversichert und mit einem Grundeinkommen verbunden, kann für viele, deren Lebensarbeitszeit sich angesichts des demografischen Wandels verlängern wird, eine

Chance für eine berufliche und biografische Umorientierung bedeuten. Gemeinsinn macht Sinn. Er will vor Ort erlernt und eingeübt werden.

## Ein Epilog für religiös Musikalische

Noch einmal: Zuhören. Es gibt auch keinen wirklichen Glauben ohne Zuhören. Für den von den Nationalsozialisten umgebrachten Pfarrer Dietrich Bonhoeffer wurzelt das Zuhören in geistlicher Achtsamkeit:

> *»Wie die Liebe zu Gott damit beginnt, dass wir sein Wort hören, so ist es der Anfang der Liebe zum Bruder, dass wir lernen, auf ihn zu hören. Es ist Gottes Liebe zu uns, dass er nicht nur sein Wort gibt, sondern uns auch sein Ohr leiht. So ist es sein Werk, das wir an unserem Bruder tun, wenn wir lernen, ihm zuzuhören. Christen, besonders Prediger, meinen so oft, sie müssten immer, wenn sie mit andern Menschen zusammen sind, etwas ›bieten‹, das sei ihr einziger Dienst. Sie vergessen, dass Zuhören ein größerer Dienst sein kann als Reden. Viele Menschen suchen ein Ohr, das ihnen zuhört, und sie finden es unter den Christen nicht, weil diese auch dort reden, wo sie hören sollten … Wer meint, seine Zeit sei zu kostbar, dass er sie mit Zuhören verbringen dürfte, der wird nie wirklich Zeit haben für Gott und den Bruder, sondern nur immer für sich selbst, für seine eigenen Worte und Pläne.«*[149]

Diese Worte Dietrich Bonhoeffers haben für mich etwas mit dem Spirit, dem Geist zu tun, aus dem sich diakonisches Handeln speist: Es gibt keine Diakonie ohne Zuhören. Mit dem Schweizer Dichterpfarrer Kurt Marti gesprochen, erinnern diese Worte an die »Zärtlichkeit Gottes« für die Unerhörten. Natürlich braucht ein Mensch keinen Glauben an Gott, um zuhören zu können oder um sensibel für die Unerhörten zu sein. Niemand muss fromm sein, um sich für eine freundlichere und gerechtere Welt einzusetzen. Darum macht es andersherum für mich mehr Sinn: Ich finde den Gedanken sympathisch, dass die Wirklichkeit des biblischen Gottes immer dort spürbar wird, wo Zuhören gelingt, wo die Unerhörten zu Wort kommen und eine gerechtere Welt für alle Kreatur ein Maßstab ist. Immer dort, wo das versucht wird und gelingt, entdecke ich Spuren der (Menschen-) freundlichkeit, ja, der Zärtlichkeit des Gottes, den die Christenheit im Mensch gewordenen, gekreuzigten und auferstandenen Jesus Christus erkennt.

Marti hat dafür sehr schöne Worte gefunden, die mich seit meiner Studentenzeit begleiten:

> *»Gott nenne ich deswegen zärtlich, weil er/sie Ohr ist für uns und für andere. (…) Das Wort ›Gott‹ (bedeutet) unter anderem eine gespannte Aufmerksamkeit für uns … und Hörbereitschaft von höchster Intensität (…). Zu lange hat man allein von Gottes Wort, von Gottes Reden gesprochen, obgleich er/sie relativ selten und dann nur wenig ›spricht‹, verglichen mit dem, was er/sie sich an Hören, Zuhören zumutet und auflädt. Dieses Verhältnis – sehr viel mehr zuhören als selber reden! – ist das göttliche Muster auch der menschlichen Zärtlichkeit.*
> (…)
> *Hören ist die Grundform, ja sogar die Quelle der Zärtlichkeit, weil auch dem Reden und Handeln Gottes hörende*

*Zuwendung, unaufdringliche Teilnahme vorausgeht. Gott ist, nach dem biblischem Verständnis, nicht apathisch (gleichgültig, vom menschlichen Leiden unbetroffen) und hält keine Monologe über unsere Köpfe und Bedürfnisse hinweg. Er/sie ist ein ›dialogisches Mysterium‹ (K. H. Miskotte) und insofern immer: Zärtlichkeit.*
*Solange nicht auch wir einander und in anderen Gott zuhören lernen, bleibt Zärtlichkeit, wie gesagt, bloßer Konsumartikel. Zärtlichkeit will aber und kann mehr sein, nämlich sinnlicher Ausdruck unserer Zuwendung zueinander und zu aller Kreatur.«*[150]

# Literaturauswahl

Ulrich Beck, Die Metamorphose der Welt. Aus dem Englischen von Frank Jakubzik, Berlin 2017 (Beck)

Marcel Fratzscher, Verteilungskampf. Warum Deutschland immer ungleicher wird. München 2017 (Fratzscher)

Hans-Joachim Maaz, Das falsche Leben. Ursachen und Folgen unserer normopathischen Gesellschaft, München 2017 (Maaz)

Kurt Marti, O Gott! Essays und Meditationen, Tübingen 1986

Ulrich Pohl: Ein Ja muss sein. Plädoyer für ein Allgemeines Soziales Jahr in Deutschland und Europa, Bielefeld 2017

Andreas Reckwitz, Die Gesellschaft der Singularitäten, Berlin 2017 (Reckwitz)

Frank Richter, Hört endlich zu! Weil Demokratie Auseinandersetzung bedeutet. Berlin 2018 (Richter)

Harald Welzer, Wir sind die Mehrheit. Für eine offene Gesellschaft, Frankfurt am Main 2017 (Welzer)

Jürgen Wiebicke, Zu Fuß durch ein nervöses Land. Auf der Suche nach dem, was uns zusammenhält, Köln 2016 (Wiebicke)

Olaf Zimmermann / Theo Geißler (Hg.): Wertedebatte: Von Leitkultur bis kulturelle Integration, Berlin 2018

# Quellenangaben

Seite 9: Textauszug aus: Bertolt Brecht, Die Ausnahme und die Regel. Lehrstück, in: ders., Werke. Große kommentierte Berliner und Frankfurter Ausgabe, Band 3: Stücke 3. © Bertolt-Brecht-Erben/ Suhrkamp Verlag 1988.

Seite 159: Dietrich Bonhoeffer, DBW Band 5, Gemeinsames Leben/ Das Gebetbuch der Bibel, Seite 82f.

Seite 160f.: Kurt Marti: O Gott! Lachen, Weinen, Lieben. Ermutigungen zum Leben © by Radius-Verlag, Stuttgart

Die Bibelzitate stammen aus: Lutherbibel, revidiert 2017 © 2016 Deutsche Bibelgesellschaft, Stuttgart

# Anmerkungen

[1] Bertolt Brecht, Die Ausnahme und die Regel. Gesammelte Werke, Bd.2, Frankfurt a.M. 1990, Seite 793.

[2] E-Mails wie diese erreichen mich Tag für Tag. Um die Persönlichkeitsrechte der Absender zu wahren, ist das Beispiel hier den Originalen nur nachempfunden.

[3] Mir geht es in diesem Buch nicht zuerst um die Sicherheitsdebatte. Natürlich wird der Rechtsstaat im Falle von Straftaten wirksam werden.

[4] Vgl. »Entspannte Fatalisten«. Interview mit Heinz Bude, Zeit Online 26.01.2017 (abgerufen am 28. Mai 2018).

[5] Ebd.

[6] Die Diakonie setzt sich seit Jahren für eine Stärkung des sozialen Wohnungsbaus ein. Vgl.: https://www.diakonie.de/wohnungslosigkeit/ oder www.diakonie.de/stellungnahmen/bundestagswahl-2017-positionierungen-der-diakonie/ (abgerufen am 15. Mai 2018).

[7] Ulrich Beck, Die Metamorphose der Welt, Berlin 2016, Seite 35.

[8] Die Nationale Armutskonferenz ist ein Bündnis von Organisationen, Verbänden und Initiativen, die sich für eine aktive Politik der Armutsbekämpfung einsetzen. Sie wurde im Herbst 1991 als deutsche Sektion des Europäischen Armutsnetzwerks EAPN (European Anti Poverty Network) gegründet. Neben Bundesverbänden wirken in der nak auch Menschen mit Armutserfahrung bzw. Selbsthilfeorganisationen mit, die ihre Erfahrungen und Perspektiven einbringen und ihre Lösungsansätze im Kampf gegen Armut und soziale Ausgrenzung aufzeigen. Vgl. www.nationale-armutskonferenz.de.

[9] Vgl. etwa die Studie von Dr. Thomas Lampert und Dr. Lars Eric Kroll, Robert Koch-Institut, Abt. für Epidemiologie und Gesundheitsberichterstattung, in: GBE kompakt 5/ 2010 S. 2ff.

[10] Vgl. »Wie hat sich die Einkommenssituation von Familien entwickelt?« Studie der Bertelsmann Stiftung, Februar 2018.

[11] Aus: Armut und Ausgrenzung: Betroffene zeigen ihr Gesicht, Diakonie Hamburg 2010, PDF, https://www.diakonie-hamburg.de (abgerufen 6.4.2018).

[12] Aus: Klaus Dörre, Karin Scherschel, Melanie Booth u.a.: Bewährungsproben für die Unterschicht? Frankfurt 2013, Seite 162.

[13] Frank Richter, Hört endlich zu! Berlin 2018, Seite 7.

[14] Andreas Reckwitz: Die Gesellschaft der Singularitäten. Zum Strukturwandel der Moderne, Berlin 2017.

[15] Ebd., Seite 432.

[16] Beispiel Berlin: Die Hälfte der Berlinerinnen und Berliner befürchtet, ihre Miete bald nicht mehr bezahlen zu können, berichtet der Tagessspiegel am 11. Mai 2018.

[17] A.a.O., Seite 433.

[18] Spiegel online: So groß ist das Armutsrisiko in Ihrer Region. (29.8.2017).

[19] Armutsbericht der Bayerischen Landesregierung.

[20] Quelle: Deutscher Städte- und Gemeindebund (DStGB).

[21] Vgl.: DStGB: Bilanz 2017 & Ausblick 2018 der deutschen Städte und Gemeinden: Deutschland umbauen. Modernisieren, digitalisieren, sozial gestalten. www.dstgb.de .

[22] Marcel Fratzscher: Verteilungskampf. Warum Deutschland immer ungleicher wird. München 2017, Seite 24ff.

[23] DStGB: Bilanz 2017 & Ausblick 2018, Seite 26.

[24] Jürgen Wiebicke, Zu Fuß durch ein nervöses Land. Auf der Suche nach dem, was uns zusammenhält, Köln 2016.

[25] A.a.O., Seite 9.

[26] Dass Hans-Joachim Maaz sich entschieden hat, die »Gemeinsame Erklärung 2018« zu unterzeichnen, bedauere ich. Dennoch finde ich viele Beobachtungen in seinem Buch sehr hilfreich.

[27] Ali Can: Hotline für besorgte Bürger. Antworten vom Asylbewerber Ihres Vertrauens, Köln 2017.

[28] A.a.O., Seite 23

[29] Hans Joas: Wir brauchen Räume des Zuhörens. In: Hinsehen und Zuhören. Jahresbericht 2017 Diakonie Deutschland, Seite 18ff.

[30] Vgl. Multikulti braucht Mover, Seite 128ff.

[31] Teile dieses Kapitel sind zuerst in meinen Blog vom 28. Februar 2018 erschienen.

[32] »… die für das politische Gemeinwesen so einritt, wie es im Grundgesetz formuliert ist«, so kann man auf www.die-offene-gesellschaft.de nachlesen.

[33] Das Subsidiaritätsprinzip hat reformatorische, genauer calvinistische Wurzeln und wurde auf der Synode von Emden 1571 zum ersten Mal formuliert. Johannes Althusius hat es in seiner Staatslehre Politica Methodice bereits im Jahr 1603 systematisch entfaltet.

[34] Wolfgang Huber: Diakonische Kirche mit Zukunft. (Vortrag 28.1. 2001), vgl. www.ekd.de/20408.htm (abgerufen 18. April 2018)

[35] »Ich habe vor 44 Jahren ein Buch veröffentlicht, ›The Open Society and Its Enemies‹ zu deutsch ›Die offene Gesellschaft und ihre Feinde‹. Es war als mein Beitrag zum Zweiten Weltkrieg geschrieben. In diesem Buch machte ich den Vorschlag, Platons Frage »Wer soll herrschen?« durch eine radikal verschiedene Frage zu ersetzen; durch die Frage »Wie können wir die Konstitution des Staates so gestalten, dass wir die Regierung ohne Blutvergießen loswerden können?«, Karl R. Popper, Wer soll herrschen? In: Alle Menschen sind Philosophen, München 2002.

[36] Etwa zum Tag der Offenen Gesellschaft am 2. Samstag im Juni.

[37] Frank Richter: Hört endlich zu. Weil Demokratie Auseinandersetzung bedeutet. Berlin 2018.

[38] A.a.O., Seite 19ff.

[39] Das sieht auch der Psychiater Hans-Joachim Maaz (Halle/Saale) so: »In jedem Protest liegt immer eine tiefe Wahrheit verborgen, egal wie verstört, überzogen, demagogisch und inhaltlich falsch er vorgetragen wird.« Derselbe: Das falsche Leben, München 2017, Seite 193.

[40] Harald Welzer: Wir sind die Mehrheit. Für eine offene Gesellschaft, Frankfurt am Main 2017, z. B. Seite 123.

[41] A.a.O.

[42] Vgl. »Wir haben diese Leute allein gelassen.« – Die ohnmächtige Wut der Vergessenen, Seite 88ff.

[43] Oder andere Orte Ostdeutschlands, wo »einige prinzipielle Denk- und Verhaltensmuster, auf denen ein demokratisch verfasstes Gemeinwesen selbstverständlich aufbaut – wie zum Beispiel Individualität, Pluralität, Liberalität, zivilgesellschaftliches Engagement –, aufs Ganze gesehen nur schwach ausgeprägt« waren. Richter, Seite 41.
[44] Mehr unter: https://www.die-offene-gesellschaft.de/kneipenbox
[45] Andreas Reckwitz: Gesellschaft der Singularitäten. Zum Strukturwandel der Moderne, Berlin 2017.
[46] A.a.O., Seite 7.
[47] A.a.O., Seite 10ff.
[48] A.a.O., Zur Entfaltung des Begriffs vgl. Seite 15–16; 105–107; 113–180; 252, 361.
[49] A.a.O., Seite 275.
[50] A.a.O., Seite 277.
[51] A.a.O., Seite 279.
[52] A.a.O., Seite 280.
[53] Ebd.
[54] An dieser Stelle sei darauf hingewiesen, dass dieses Verständnis von Besonderheit nicht mit dem christlichen Verständnis der besonderen und unverlierbaren Würde und Besonderheit jedes Menschen unabhängig von Geschlecht, Religion und Status einhergeht, die in seiner Gottebenbildlichkeit begründet ist. Vielmehr geht es um eine angestrengte, inszenierte, ja »kuratierte« Besonderheit, die eher die Gefahr der Selbstentfremdung und des Burnout, aber eben auch die öffentliche Anerkennung mit sich bringt. Es geht keinesfalls um eine grundsätzliche Kritik der Ausbildung der persönlichen Individualität.
[55] A.a.O., Seite 274.
[56] A.a.O., Zur sozialen Logik der Singularitäten von Objekten (Seite 58-59), Subjekten (Seite 59-60), Räumen (Seite 60-61), Zeit (61-62), Kollektiven (Seite 62–63).
[57] A.a.O., Seite 281.
[58] Vgl. »Wir haben diese Leute alleingelassen«, Seite 88ff.
[59] A.a.O., Seite 282.
[60] Die Frage, die ich nicht beantworten kann, ist, ob Reckwitz' Analyse eine gendersensible Differenzierung fehlt. Ist die Entwertungserfahrung für die Geschlechter gleich? Oder schildert er vor allem Erfahrungen des entwerteten (weißen) heterosexuellen Manns? Auch Frank Richter macht in einem Interview mit »Die Zeit« darauf aufmerksam, dass es »auffällig (sei), dass viele der allzu Wütenden ältere Männer sind. Die sind, als sie selber jung waren, mit Respekt, Disziplin und oft auch mit Angst zu den damals Alten gegangen und haben sich von denen die Welt erklären lassen. Aber jetzt, wo sie alt geworden sind, kommen nur selten junge Menschen zu ihnen.« (http://www.zeit.de/2017/39/buergerrechtler-frank-richter-wutbuerger-protest)
[61] So Richter, Seite 19ff.
[62] Reckwitz, Seite 282.
[63] Hier liegt im Einzug der AfD in den Deutschen Bundestag eine gewisse Chance. Die Auseinandersetzung mit deren Vertretern kann nun öffentlich geführt werden. Und umgekehrt müssen sich die Abgeordneten der AfD nun öffentlichen Debatten stellen.
[64] Robert Pausch/Bernd Ulrich: Riss durch die Mitte, aus: Die Zeit vom 8.2.2018, Seite 2

[65] A.a.O.

[66] Richter, Seite 43.

[67] Robert Vehrkamp / Klaudia Wegschaider: Populäre Wahlen. Mobilisierung und Gegenmobilisierung der sozialen Milieus bei der Bundestagswahl 2017, Gütersloh 2017.

[68] »Entspannte Fatalisten« Interview mit Heinz Bude, Zeit Online 26.01.2017 (abgerufen am 28. Mai 2018).

[69] Ludwig Erhard (1897-1977) war von 1949 bis 1963 Bundeswirtschaftsminister und galt als »Vater des Wirtschaftswunders. Der Titel seines bekanntesten Buches: »Wohlstand für alle« (1957). Seit 1966 war er Mitglied der CDU.

[70] Richter, Seite 41.

[71] Lebenslagen in Deutschland. Der Fünfte Armuts- und Reichtumsbericht der Bundesregierung. http://www.armuts-und-reichtumsbericht.de (abgerufen am 9. April 2018).

[72] A.a.O., IV.5. Armut und Reichtum und Demokratie, Seite 163ff. (abgerufen 9. April 2018).

[73] Bertelsmannstudie Populäre Wahlen, 2017, Seite 15.

[74] »Die weltweiten millionenfachen Flüchtlingsströme sind nicht die Ursachen der Gesellschaftskrise, sondern die Symptome eines kritisch gewordenen Sozialkampfes.« Maaz, Seite 147.

[75] Beck, Seite 56.

[76] Vgl. worldhappiness.report (abgerufen 8. April 2018).

[77] https://s3.amazonaws.com/happiness-report/2018/ES-WHR.pdf: All the top countries tend to have high values for all six of the key variables that have been found to support well-being: income, healthy life expectancy, social support, freedom, trust and generosity. Among the top countries, differences are small enough that that year-to-year changes in the rankings are to be expected. (abgerufen 8. April 2018.)

[78] www.deutschlandfunkkultur.de/danmarkskanon-leitkultur-auf-daenisch.1008.de.html?(abgerufen am 8. April 2018).

[79] Es schließen sich Geschlechter-Gleichberechtigung, die dänische Sprache, Vereinsleben und freiwilliges Engagement, Gedankenfreiheit, »Hygge« und das christliche Kulturerbe an.

[80] Allerdings sind das dänische Wohlfahrtsmodell und das dänische Selbstverständnis durch die Zuwanderung der Geflüchteten unter einen enormen Druck geraten, auch hier haben nationalistische und rassistische Parteien großen Zulauf. In Finnland waren die »Wahren Finnen« sogar bis 2017 an der Regierungskoalition beteiligt. Ein weiterer Beleg dafür, dass eine allein nationale Politik den globalen Krisen und Herausforderungen in zunehmendem Maße nicht mehr gewachsen ist.

[81] Hans Joas: Wir brauchen Räume des Zuhörens. In: Hinsehen und Zuhören. Jahresbericht 2017 Diakonie Deutschland, Seite 18ff.

[82] Es gehört zur intellektuellen und politischen Aufrichtigkeit, dass diesen falschen Versprechungen viele Menschen mit einem ›falschen Selbst‹ nur allzu gerne glauben wollten. Vgl. dazu die aufschlussreiche Analyse von Maaz, Seite 144: »Die Ostdeutschen glaubten, sich schnell in ein besseres Leben retten zu können, wenn sie ihr erfolgloses Leben nur schnell vergaßen und sich der westlichen Kompensation anpassten. Die ›Wende‹ bedeutete auch den Wechsel von einem falschen Selbst in ein anderes.«

[83] http://www.staedtebaufoerderung.info/StBauF/DE/Programm/Sozia (abgerufen 16. Mai 2018),

[84] Maaz, Seite 57.

[85] http://wahl.krzn.de/bw2017/wep090/navi/090-224-BW-KW-1.html; bezogen auf den Ratswahlbezirk (abgerufen am 6. April 2018).

[86] Johannes Hillje: Rückkehr zu den politisch Verlassenen. Gespräche in rechtspopulistischen Hochburgen in Deutschland und Frankreich. (2018) http://www.progressives-zentrum.org/die-verlassenen/ (abgerufen 9. April 2018).

[87] A.a.O., Seite 4.

[88] Ebd.

[89] A.a.O., Seite 3.

[90] Vgl. Worüber reden wir eigentlich?, Seite 43ff.

[91] Fragen waren etwa: Was ist das größte Problem, das Sie in Ihrem Alltag haben? Was ist das größte Problem, das Deutschland hat? Was läuft gut/schlecht in Ihrem Stadtteil? Was bereitet Ihnen Sorgen für die Zukunft? Was gibt Ihnen Hoffnung für die Zukunft?

[92] Hillje, Seite 6.

[93] A.a.O., Seite 2.

[94] Ebd.

[95] Frank Richter ist überzeugt: »Ob man mit Pegida und AfD reden kann? Ganz eindeutig: Man muss!«

[96] A.a.O., Seite 132.

[97] Vgl. Maaz, Seite 61: »Im falschen Leben sind immer andere schuld, damit die eigene Beschädigung und Entfremdung nicht erkannt wird. (…) So hält sich eine Familie ihr ›schwarzes Schaf‹ (das ›schwierige Kind‹, der ›Außenseiter‹, der ›brutale Vater‹; die ›überforderte Mutter‹), im sozialen Leben hält sich jeder ›sein Schwein‹ (der ›lästige Nachbar‹, der ›undankbare Freund‹, der ›ungerechte Vorgesetzte‹, der ›bescheuerte Politiker‹, in der Partnerschaft heißt es dann: Du bist schuld! Du liebst mich nicht mehr! Du machst mich unglücklich!«.

[98] Richter, Seite 26f. Und es ist durchaus davon auszugehen, dass die Freundinnen und Freunde der sogenannten Patrioten in anderen Bundesländern ein ähnliches Profil haben. Worin ihre tiefliegende Enttäuschung besteht, gilt es vor Ort herauszufinden.

[99] Hans Joas: Wir brauchen Räume des Zuhörens. In: Diakonie Deutschland, Hinsehen und Zuhören. Jahresbericht 2017, 2018, Seite 23.

[100] http://www.deutschlandfunk.de/hoererwelten.2916.de.html

[101] Johannes Hillje, Rückkehr zu den politisch Verlassenen, Seite 3.

[102] Vgl. Seite 23f.

[103] Vgl. http://www.weber-museum.de/werk/geskrt/ (abgerufen 9. April 2018)

[104] Vgl. https://gfds.de/wutbuerger-zum-wort-des-jahres-2010-gewaehlt/ (abgerufen 9. April 2018).

[105] Vgl.: http://www.spiegel.de/politik/deutschland/0,1518,739073,00.html (abgerufen 9. April 2018).

[106] Vgl. Beck, Seite 92f.

[107] Ebd.

[108] A.a.O., Seite 12.

[109] Ebd.

[110] A.a.O., Seite 16.

[111] Vgl. etwa die Einschätzung des Deutschen Instituts für Wirtschaftsforschung Berlin: Deutschland in der Hochkonjunktur, aber nicht auf dem Weg in die Überhitzung. http://www.diw.de/de/diw_01.c.100319.de/presse/pressemitteilungen/pressemitteilungen.html?id=diw_01.c.573535.de (abgerufen 9. April 2018).

[112] Die Top Ten der größten Ängste der Deutschen werden angeführt von der Angst vor Terrorismus, politischem Extremismus und vor Spannungen durch den Zuzug von Ausländern. Das sind die Ergebnisse der von der R+V-Versicherung finanzierten Studie »Die Ängste der Deutschen 2017«. Die Furcht vor Naturkatastrophen, vor Schadstoffen in Lebensmitteln hat im Vergleich zum Vorjahr zugenommen. Vgl.: https://www.ruv.de/presse/aengste-der-deutschen/grafiken-die-aengste-der-deutschen (abgerufen am 9. April 2018).

[113] Bei einem Besuch in St. Petersburg wird mich wenige Monate später eine russische Gesprächspartnerin tatsächlich fragen, ob es stimme, dass Frau Merkel Tausende Terroristen ins Land gelassen habe. Fake news made in Moskau!

[114] Hans Joas: Wir brauchen Räume des Zuhörens. In: Diakonie Deutschland, Hinsehen und Zuhören. Jahresbericht 2017, 2018, Seite 21.

[115] A.a.O., Seite 22.

[116] Maaz, Seite 154.

[117] Wobei uns die Agentur Butter (Berlin-Düsseldorf) unterstützt hat.

[118] »Dass der Begriff ›besorgter Bürger‹ als herablassender Spott- und Ausgrenzungsbegriff verwendet wurde, hat viele gekränkt, verhärtet und in die falsche politische Richtung getrieben. So mancher dieser Bürger, die ja immer auch Wähler sind, hat sich spätestens in der Wahlkabine revanchiert.« Richter, Seite 82.

[119] Vgl. Multikulti braucht Mover, Seite 128ff.

[120] Ebd.

[121] Das belegen nicht nur die bespielhaften Erfahrungen aus Kiel-Gaarden, sondern Praxiserfahrungen mit Wohnungsbauträgern und Evaluationen vieler diakonischer Projekte im ganzen Land.

[122] Eigentlich heißt es DORV und steht für »Dienstleistung und Ortsnahe Rundum-Versorgung«. Diese ausgezeichnete Initiative widmet sich der Unterstützung beim Erhalt der »Nahversorgung« in ländlichen Räumen. Ich sehe hier sehr viel ungenutztes Potenzial für eine sozialraumengagierte Kirche und Diakonie. Mehr unter: www.dorv.de. Vgl. auch Seite 144ff.

[123] Bastian Berbner; Tanja Stelzer; Wolfgang Uchatius: Zur Wahl steht: Die Demokratie. Aus: Die Zeit Nr. 04/2017. Oder: https://www.zeit.de/2017/04/rechtspopulismus-demokratie-wahlen-buergerversammlungen-politisches-system-griechenland (abgerufen am 17. Mai 2018).

[124] A.a.O.

[125] Vgl. Beck, Seite 56.

[126] Gute Erfahrungen in dieser Art der Zusammenarbeit werden im vom Bund aufgelegten Programm Soziale Stadt (www.soziale-stadt.de) gemacht.

[127] https://www.bertelsmann-stiftung.de/fileadmin/files/Projekte/79_Nachhaltige_Finanzen/Finanzreport-2017.pdf (abgerufen 17. Mai 2018).

[128] Richter, Seite 71ff.

[129] https://www.zeit.de/2017/04/rechtspopulismus-demokratie-wahlen-buergerversammlungen-politisches-system-griechenland/seite-6 (abgerufen 26. April 2018).

[130] Dass damit keine Durchführungsvereine zur besseren Durchsetzung von Partikularinteressen gemeint sein können, versteht sich von selbst.

[131] Karen Haubenreisser, Das Quartiersentwicklungsprojekt Q 8 – Einblicke in die Quartiersarbeit, in: Praxis und Teilhabe 4/2013, Jg 52, S.171–175.

[132] Der Siebte Altenbericht der Bundesregierung. Sorge und Mitverantwortung in der Kommune – Aufbau und Sicherung zukunftsfähiger Gemeinschaften, 11. November 2016. Vgl.: https://www.siebter-altenbericht.de (abgerufen am 2. Mai 2018).

[133] Ebd.

[134] Demografischer Wandel und bürgerschaftliches Engagement. Der Beitrag zur lokalen Entwicklung. Zweiter Bericht über die Entwicklung des bürgerschaftlichen Engagements in Deutschland. Drucksache 18/11 800. 2017.

[135] A.a.O. Zum Zusammenhang von politischer Partizipation bzw. Partizipationsangeboten und freiwilligem Engagement, ab Seite 313ff.

[136] Karen Haubenreisser, Das Quartiersentwicklungsprojekt Q 8 – Einblicke in die Quartiersarbeit, in: Praxis und Teilhabe 4/2013, Jg 52, S. 171–175.

[137] Region, Land, Bund – die Frage nach dem leitenden Menschenbild in der Politik müssen sich alle stellen.

[138] Dokumentation auf www.wirsindnachbarn-alle.de.

[139] www.dorv.de. Auszüge aus diesem Kapitel stammen aus meinem Blog vom 1. April 2017. https://praesident.diakonie.de/?s=Dorv.

[140] www.kirche-findet-stadt.de (abgerufen 2. Juli 2018).

[141] http://www.staedtebaufoerderung.info/StBauF/DE/Programm/SozialeStadt/soziale_stadt_node.html (abgerufen 2. Juli 2018).

[142] http://www.bmu.de/themen/stadt-wohnen/stadtentwicklung/kurzinfo/inhalte-und-ziele-der-leipzig-charta/ (abgerufen 2. Juli 2018).

[143] http://www.kirche-findet-stadt.de/index.php/95-aktuelles/467-kfs-leitfaden.

[144] Ebd.

[145] Hierzu auch interessant die Anregung des französischen Philosophen Vincent Cespedes, dass afrikanisches und »westliches« Denken einander brauchen und ergänzen. Vgl.:http://www.deutschlandfunk.de/afrikanisches-denken-die-kunst-des-palavers.1184.de.html?dram:article_id=310909 (abgerufen 7.Mai 2018). Im europäischen Kontext denke ich an das Werk Martin Bubers und Emmanuel Levinas'.

[146] Übersetzung: Diakonie Deutschland.

[147] Auch in Aufnahme der Sozialenzyklika »Populorum Progressio« von Papst Paul VI., 1967.

[148] Ulrich Pohl, Ein Ja muss sein. Plädoyer für ein allgemeines soziales Jahr in Deutschland und Europa, Bielefeld 2017, Seite 9.

[149] Dietrich Bonhoeffer, DBW Band 5, Gemeinsames Leben/ Das Gebetbuch der Bibel, S. 82f.

[150] Vgl. Kurt Marti: Hören als Grundform der Zärtlichkeit. Aus: Ders.: O Gott. Essays und Meditationen. Stuttgart 1986, Seite 29f.